The Womkind

더 웜카인드

CONTENTS

2부 · 맨즈 시스템 속의 우리

CONTENTS

3부 · 우리가 취할 수 있는 방법에 대해

Epilogue

• 힘이 있는 건 우리 자신이다

학문은 죽은 활자들의 집합체다. 학문은 '옳음'을 추구하지만 실상
진리란 존재치 않는다. 활자 그 자체는 아무런 힘이 없다.

힘이 있는 것은 다만 우리 자신이다. 죽어있는 활자에 생명을 불어
넣는 매개 또한 우리의 의지다. 개인으로서, 그리고 집단으로서의 우
리는 활자가 아닌 생명력 그 자체로 강력한 힘을 가진다. 우리, 인간
은 학문과 사회의 모든 움직임을 불러일으키는 최초의 동력이다. 이
책은 이런 사고를 기반으로 시작되었다.

페미니즘은 여성의 삶 그 자체와 떼려야 뗄 수 없는 관계를 맺는
다. 우리의 삶 모든 곳에는 맨즈 시스템의 영향력이 침투해 있기 때
문이다. 태어날 때부터 죽을 때까지, 우리 삶의 상당 부분은 성별을
통해 사전에 결정된다. 때문에 페미니즘은 절대로 현실과 유리된 채

학문의 영역 속에서 전시품처럼 존재할 수 없다. 여성에게 페미니즘은 지금까지의 자기 자신 그리고 우리를 둘러싼 세계에 대한 근본적인 물음이면서 동시에 미래를 결정짓는 지침이다.

학문에서 등장하는 현실의 모사판과는 달리 실체로서의 현실은 온갖 것들이 뒤섞인 흙탕물에 가깝다. 현실은 절대 완벽해질 수도, 이상에 가까워질 수도 없다. 애초에 이상을 현실에 그대로 불러오려는 목표는 달성할 수 없으며 과연 어떤 것이 이상인지를 둘러싼 의견의 간극은 좁혀질 수조차 없는 날카로운 벼랑이다.

유일한 정의(正義)란 존재치 않으며, 옳음을 찾아 헤매는 것은 존재치 않는 것을 붙들려는 안타까운 시도에 불과하다. 이런 오해로 인해 많은 여성들이 페미니즘을 추구하는 과정 속에서 길을 잃고 고통 받고 있다.

여기서 〈The Womkind〉의 방향성에 대해 다시 한 번 분명히 하고자 한다. 이 책은 현실로부터 유리된 이론적인 옳음을 추구하기보다는, 행동을 통해 실질적인 성과를 이룩하기 위한 실천적이고 정치적인 책이다. 학술적으로 접근해 페미니즘의 첨예한 쟁점들을 넘나드는 것은 분명 스스로를 가다듬을 수 있는 기회이다. 그러나 현실에서의 끊임없는 여성혐오에 지쳐 있는 상태에서 이론적인 갈등까지 겪는 건 결국 더 많은 짐을 보태는 것일 뿐이다.

학문에서 찾고자 하는 '단 하나의 옳음'을 찾을 수 있을까? 그 이상이 애초에 존재하기는 하는가? – 의견 차는 결국 해소될 수 없다. 결국 우리 모두가 바라는 건 현실에서의 변화이며 이런 변화는 오로지 행동을 통해서만 이루어질 수 있다.

이 책의 목표는 여성들이 페미니즘을 만질 수 있는 실체로서 삶 속에서 구현할 수 있도록 돕는 것이다. 이상을 좇는 건 별을 따려는 것과 같다. 반면 역설적으로 실천은 훨씬 수월하며 그 성과를 두 눈으로 볼 수 있다. 스스로에게 실제 득이 되는 요소를 삶 속에 도입해 실천함으로써 우리는 한 걸음씩 목표에 가까워진다.

실천으로서 – 즉 삶으로서의 페미니즘은 훨씬 간단하고 합리적이다. 또한 이런 현실적 시각에서의 페미니즘 실천은 권력구조에 대한 이해 없이 성립될 수 없다. 때문에 우리는 1부에서 맨즈 시스템을 관통하는 권력 구조를 다루고, 이런 사고틀을 기반으로 2부에서 현실을 구체적으로 재해석할 것이다. 문제점을 지적하며 현실을 해부하는 데에 그치지 않고 구체적이고 실천 가능한 해결책을 모색하면서 해체한 현실을 다시 봉합하고자 노력했다. 이후 3부에서는 우리가 취할 수 있는 실천적 방법론을 보다 보편적인 관점에서 이야기할 것이다. 개인으로서, 그리고 집단으로서 여성이 맨즈 시스템의 해체를 위해 취할 수 있는 방법들을 미흡하게나마 제시해 보았다.

우리는 이상 속에서, 관념화된 사상들 속에서 살아가는 것이 아니라 온갖 것들이 격렬하게 충돌하는 치열한 현실 속에서 살아간다. 그러나 이러한 사실은 오히려 우리가 해낼 수 있는 것, 즉 아직 실현되지 않은 가능성과 잠재력에 아무런 제한도 없다는 걸 의미한다. 생명 그 자체로서 우리는 현실을 변화시킬 수 있는 힘을 가지며, 이 사실을 깨달을수록 우리가 도달할 수 있는 영역은 한계 없이 확장된다. 우리는 머리를 이상 속에 놓아둔 채 뒤엉킨 현실에 두 발을 단단히 딛고 나아가야 한다.

• 세 번의 변화에 대해

가부장제의 억압을 인지하고 모든 강제로부터 벗어나 본래의 자신이 되는 과정은 세 가지 단계로 도식화될 수 있다. 이해를 돕기 위해 본론으로 들어가기 전에 먼저 이 단계들을 간략하게 설명하려 한다 이후 책에서 등장하는 1단계, 2단계, 3단계는 다음을 가리키는 것이다. 이 세 가지 단계는 페미니즘을 소화하여 건전한 자아상을 갖게 된 상태에 이르는 과정을 변화와 발전의 정도에 따라 나눈 것이다. 그러나 우리가 3단계에 도달한 후에도 계속 변화한다는 사실을 유의해야 한다. 이 단계들은 가부장제를 벗어나는 과정을 구별되는 특징을 중심으로 나눈 것일 뿐, 인간으로서의 완성이 3단계에서 그친다는 의미가 아니다.

뱀이 생애 내내 지속적으로 허물을 벗고 새로운 피부로 무장하듯 우리 또한 끊임없이 낡은 모습을 걷어내고 새로운 단계로 도약하는 삶을 살아야 한다. 우리의 정체성은 강과 같다. 강물은 끊임없이 흐르고 새로운 물이 이전의 빈자리를 메우지만 그럼에도 다른 강이 되는 것은 아니다.

모든 사람들은 시간의 흐름에 따라 변하고 한 시기의 가치관은 다음 시기에서는 아무런 가치가 없을 수 있다. 자기 자신을 제외한 모든 가치들은 스쳐 지나가는 일시적인 상태에 불과하다. 심지어는 정체성까지도 말이다. 우리가 믿고 붙들 수 있는 끈은 오직 자기 자신이며, 그렇기 때문에 우리는 그 외의 모든 것들을 스스로 바꿀 수 있다.

우리 자신으로부터 가부장제의 때를 벗겨내고 본래의 반짝이는 광택을 낼 수 있는 건 모두 우리가 변화하는 존재이기 때문이다. 그래서 *자아와 정체성의 끊임없는 변화*는 우리에게 특히 중요한 주제다. 이 개념에 대해서는 본문에서 더 자세하게 다루게 될 것이다.

우리 모두는 맨즈 시스템 속에서 평생을 살아왔다. 때문에 우리의 내면에는 여성배타적인 사고관의 찌꺼기가 남아있을 수밖에 없다. 그래서 우리는 항상 자기 자신을 점검해야 한다. 혹 틀을 벗고 자유로워진 상태에 이르게 되더라도 그 중요성은 여전하다. 이 세계는 여성이 자기파괴적인 특성을 갖도록 지속적으로 유도하기 때문에 언제고 우리를 억압하는 새로운 틀이 생겨날 수 있기 때문이다.

그럼에도 이를 세 가지 단계로 나눈 것은 여성혐오를 인지한 후 이러한 자각을 삶 속으로 소화해내어 스스로를 자유롭게 만드는 과정이 대개 비슷한 형태로 닮아 있을 수밖에 없기 때문이며, 이를 도식화함으로써 다음 단계로의 움직임을 가속화할 수 있기 때문이다. 아래의 세 단계는 요약하자면 각각 페미니즘을 접하지 못한 단계, 페미니즘을 접했지만 기존의 여성혐오적 가치관을 완전히 버리지 못한 상태, 그리고 자기 파괴적인 가치를 버리고 스스로에게 도움이 되는 가치관을 새로이 쌓을 수 있는 통찰력과 힘을 얻게 된 단계라 할 수 있다.

1단계 혐오를 인지하지 못한 단계

가부장제가 여성을 억압하는 방식으로 작동한다는 것을 제대로 인지하지 못한 상태로, 페미니즘을 알기 전의 모든 여성들이 속한 단계이다. 약간의 불편함과 찜찜함을 느끼며 살아가지만 여성 차별은 오직 일부에게만 해당하는 이야기일 뿐이라 생각한다. 혹은 이는 오직 운이 나쁜 소수의 경우일 뿐이라 여겨 스스로를 여성혐오 문제로부터 멀리 떨어뜨린다.

이 상태의 여성들은 남성에게 유리하게 짜인 사회의 룰을 강요받는 데에서 오는 경쟁력 약화 또한 스스로의 탓으로 돌리곤 한다. 무의식적으로 스스로를 대상화하거나 혐오하고 있을 가능성도 높다. 문제의 원인이 무엇인지 정확히 볼 수 없기 때문에 원인 모를 우울감이나 자기혐오 등의 정신 병리적 상태로 빠지기 쉽다.

1단계에 속해 있는 사람들은 문제인식이 결여된 상태다. 즉 피해를 받고 있음에도 그 사실조차 인식하지 못한다. 맨즈 시스템이 우리에게 강요하는 제약 – 성적 매력, 나이, 정해진 삶의 길, 약자성 – 이 있다는 것 자체를 인식하지 못하고 있기 때문에 당연하게도 대부분 이러한 제약들로부터 자유롭지 못하다.

2단계 여성혐오를 인지하였으나 아직 맨즈 시스템의 틀과 규칙이 우리에게 쓸모가 없다는 사실을 깨닫지 못한 단계이 단계에서 많은 사람들이 좌절하게 된다. 이 단계에서 사람들은 맨즈 시스템의 규칙을 여전히 따르면서, 여성혐오로 인해 발생한 개별 현상 하나하나에 대처하는 방식으로 불합리에 대항한다. 문제의 근본적인 원인이 아닌 개별 현상에 집중하다 보니 삶이 끊임없는 전쟁처럼 느껴질 수 있다. 문제의 본질을 직접 공격하는 것이 아니라 이로 인해 파생된 현상을 하나씩 격파하는 것이기 때문이다. 또한 그동안 갖고 있던 가치와 새로 습득한 가치 사이에서 '옳은 것'이 무엇인지 판단하느라 혼란스러운 감정을 느끼곤 한다.

3단계 틀이 우리에게 아무런 의미가 없다는 것을 깨닫고 한층 자유로워진 단계

스스로를 구성하고 있는 사고와 행동 양식 중에서 어떤 것이 가부장제로부터 비롯된 부분인지 파악할 수 있는 통찰을 얻은 상태다. 모든 도덕과 법률, 제도, 종교는 애초에 우리를 기준으로 만들어진 것이 아니기 때문에 오히려 모든 것들을 새로이 쌓을 수 있음을 안다. 자신에게 있어 득이 되는 것과 실이 되는 것을 객관적으로 파악할 수 있다. 그의 모든 선택은 오로지 자신만의 것이며, 이를 실제 자신의 삶 속에서 구현할 수 있는 힘을 얻은 상태다.

그러나 3단계에 진입했다 해도 다시 퇴보할 가능성은 항상 존재한다. 우리를 둘러싼 환경이 끊임없이 맨즈 시스템의 메시지를 설파하

기 때문이다. 그럼에도 한 번 3단계에 도달해 본 경험이 있는 사람과 그렇지 못한 사람 간의 격차는 매우 크다. 온전히 스스로만의 선택으로 이루어진 삶을 살아 본 사람과, 완벽한 해방감을 느껴 보지 못한 사람은 생각의 범위에서부터 비교가 어려울 정도로 큰 차이를 보이기 때문이다.

이 책의 목적은 사람들이 최종 단계인 3단계로 나아갈 수 있도록 돕는 것이다. 우리는 아직 그 단계에 도달하지 못한 여성들이 이 책에서 이야기하는 흐름을 따라가면서 외부로부터 온 모든 억압을 떨쳐내고 자신의 삶을 온전한 본인만의 소유로 만들 수 있기를 바란다.

자유로워진 개인이 많아질수록 이 사회 또한 점점 여성친화적인 방향으로 바뀔 수밖에 없다. 때문에 여성 개인의 온전한 해방은 곧 여성 집단 전체의 인권 향상에 기여하게 된다. 반대로, 우리가 완전히 자유로워지기 위해서는 내면화된 여성혐오를 인식해야 한다. 여성으로서의 정체성을 확립하는 것은 온전한 자유를 누리는 데에 있어 필수적이다. 즉 자유로운 개인으로서의 정체성, 그리고 여성으로서의 정체성은 양자가 상호적으로 작용하며 서로 떨어트려 생각될 수 없다. 이를 염두에 두고 스스로를 해방시킨다면 두 가지 목표, 즉 사적 성취와 여성 인권의 향상 양자를 함께 달성할 수 있을 것이다.

맨즈 시스템에
대해

맨즈 시스템에 대해

삶은 이데올로기 위에 형성된다. 이데올로기는 사회를 지금의 모습으로 구성하도록 만드는 뼈대이면서, 거기에 그치지 않고 사적인 영역에까지 침투해 강력한 영향력을 행사한다. 생각을 전개하는 방식에서부터 심지어는 일상적인 차원의 사소한 문제들 - 오늘 어떤 음식을 먹고, 어떤 옷을 선택하는가에 이르기까지, 이데올로기는 우리의 삶 구석구석에 퍼져 있다.

이데올로기는 또한 고정불변한 것이 아니다. 그 어떤 이데올로기도 절대적이거나 혹은 영원히 지속될 수 없으며, 사회적 변화의 흐름에 맞추어 조금씩 변해간다. 이데올로기에서 이야기하는 옳고 그름 또한 마찬가지다. 그럼에도 우리는 현 사회의 가치체계가 절대적이라 착각하며 살아간다. 설령 누군가 지배적인 이데올로기에 동의하지 않더라도, 우리 모두 평생을 이데올로기 속에서 살아왔으며 이를 먹고 마시며 자라왔다는 것을 간과할 수 없다.

미워하던 부모를 닮은 자식이라는 흔한 서사처럼 - 비록 증오하는 이데올로기일지라도 우리는 이를 일정 수준 이상 습득하게 된다.

우리는 온갖 규범들이 합쳐져 만들어진 혼합물이다. 사회적인 규범으로부터 완벽하게 자유로운 인간은 존재할 수 없다. 우리는 천성, 가족, 친구, 교육, … 수많은 경험이 축적되어 만들어졌다. 때문에 이데올로기로부터 완전히 자유로운 주체란 존재치 않는다.

우리 사회 속의 수많은 이데올로기 중에서도 맨즈 시스템은 우리에게 가장 큰 영향력을 미친다. 또한 여성의 삶에 파괴적인 힘을 행사한다는 점에서 이는 특히 눈여겨볼 필요가 있다. 본격적인 이야기에 들어가기에 앞서, 1부에서는 먼저 맨즈 시스템의 개념을 설명함으로써 2부와 3부에서 사용할 개념적 틀을 제공하고자 한다.

- **맨즈 시스템 (1)** 맨즈 시스템이란

이 책에서 일컫는 **맨즈 시스템(Men's system)**은 남성을 위주로 수천 년간 축적되어온 일련의 체계를 말한다. 맨즈 시스템 속에서 인간은 두 종류로 구분된다. 남성과 남성이 아닌 자들이다. 이는 곧 남성을 모든 정치적, 사회적, 경제적, 문화적 행위의 주체로 위치시키는 이데올로기라 정의될 수 있다.

남성을 모든 행동의 주체로 자리매김하는 건 동시에 여성을 모든 행동의 주변부에 위치시킴을 의미한다. 누군가 중심에 서기 위해서는 반드시 누군가 변두리에 서있어야 하기 때문이다. 즉 맨즈 시스템 속에서 우리는 항상 남성이 행위를 취할 수 있는 대상물의 위치에 머무르게 된다.

행위의 주체가 아닌 대상물로서 살아간다는 것은 무엇을 의미하는가. 여성과 남성이 스스로의 외모를 인지하는 방식에서 드러나는 격차는 이를 분명하게 보여준다. 여성은 대개 남성에 의해 외모를 평가 당하는 것에 익숙한 반면, 평가하는 데에는 익숙하지 않다. 대개 여성은 평가라는 행동의 주체이기보다는 평가를 받는 대상물이다.

이는 개인 단위에서보다는 남성 – 여성으로 집단화된 상태에서 더 뚜렷하게 관찰된다. 대상물로서 살아가는 것은 여성이 스스로를 인간 아래의 위치로 격하시키도록 만들어 수많은 문제를 야기하게 된다.

이 문제에 대해서는 2부에서 더 자세히 설명하도록 하고, 다시 맨즈 시스템에 대한 설명으로 돌아가겠다. 맨즈 시스템 속에서 여성은 인간-남성의 변형으로서만 여겨지며, 이는 여성의 삶 속 모든 곳에 영향을 끼친다. 사회의 어떤 부속물도 이데올로기 없이 형성되지 않으며 맨즈 시스템의 모든 부분에는 실제로 여성을 배제하는 메시지가 담겨 있기 때문이다. 파고들면 파고들수록 우리는 맨즈 시스템의 촘촘한 그물망에 놀라게 된다.

맨즈 시스템은 "마치 중력처럼 시스템 전체 구석구석까지 영향을 미치고 있으며, 우리 중 누구도 여성혐오로부터 자유롭지 못하다.[1]" 페미니즘에 관심을 갖게 된 많은 사람들은 우리 사회의 얼마나 많은 것들이 혐오에 기반을 둔 것인지 깨닫고 놀라곤 한다. 그동안 당연시해왔던 수많은 현상들 – 항상 남성은 보호자 혹은 지배자의 역할을 맡고 여성은 피보호자 혹은 피치자의 역할만을 수행하는 등의 – 은 결국 모두 맨즈 시스템의 파생물이다.

이는 다만 한 가지 예시일 뿐이며, 맨즈 시스템은 우리의 삶 모든 곳에 가지를 뻗고 있다. 우리는 때로 문제를 제기하는 행동 자체를 비난받기도 한다("그게 여성 혐오면 이것도 여성 혐오냐", 혹은 "예

---

1   이현재, 여성혐오 그 후; 우에노 치즈코 원저

민하다"는 등). 그러나 이런 비난은 역설적으로 진실을 보여준다.

심지어는 의학 역시 맨즈 시스템의 영향을 받는다. 예를 들어 약의 복용 기준은 성인 남성이다. 여성과 남성은 그 신체적 기능에 있어 분명 차이를 보이지만 의학에서도 이러한 차이는 고려되지 않는다. 실내 온도 또한 성인 남성을 기준으로 설정되어 여성은 적정 온도에서도 추위를 느끼기 쉽다.

학문도 마찬가지이다. 여성 심리학이 기존 심리학의 하위 분야로 존재하는 것은 여성이 <u>인간이라는 대분류에 속한 하위 집단</u>에 불과하다는 것을 보여준다. 그러나 이는 종종 '여성이 남성에 비해 특히 유별나다'라는 농담의 증거로 이용되곤 한다.

이 사회의 기준은 남성이다

현 사회의 모든 규준은 남성을 기준으로 삼는다. 맨즈 시스템 속에서 여성Woman은 인간Man의 변형일 뿐이다. Man은 남성과 인간을 동시에 의미하나, Woman은 오직 여성만을 의미할 수 있을 뿐 인류 전체를 포괄하는 용법으로 사용될 수 없다. 같은 맥락에서 인류 Mankind라는 단어는 오로지 남성만이 인간의 원형이라는 것을 분명하게 보여준다.

이름이 그 사람의 운명을 결정한다는 미신이 있다. 사람들은 아이에게 이름을 지어줄 때에는 때로 지나쳐 보일 정도로 신중을 기하곤 한다. 배와 같은 사물의 이름을 지을 때도 마찬가지다. 그러나 인류의 기본형이 Mankind로 사용되거나, '아내(안사람)' 혹은 '부인'과 같이 여성을 남성의 보조자로서 상정해 둔 여성혐오적 명칭에는 새삼 의문을 제기하지 않는다.

인류가 Womkind로 표현되는 사회를 상정해보면 우리가 얼마나 남성 중심적인 사회에 살고 있는가를 쉽게 깨달을 수 있다. 현 사회에서 단순화된 캐릭터를 그릴 때, 남성은 성별을 표시하는 시각적 상징물 없이 그대로 그려지나 여성 캐릭터에는 여성임을 표현하는 상징들이 부가적으로 붙는다. 긴 머리카락, 가슴, 리본, 립스틱…. 기본태로서, 변형태로서 여겨진다는 것은 이런 현상으로 이어진다.

반대로 여성이 기본태인 사회를 상상해보자. 그 사회의 여성 캐릭터는 지금의 남성 캐릭터처럼 어떤 부가물도 없이 기본태로 그려질 것이다. 대신 성별의 차이를 표시하기 위해, 남성 캐릭터는 넓은 어깨나 좁은 골반, 튀어나온 성기 등의 부가적인 시각적 상징을 갖게 될 것이다.

맨즈 시스템은 특히 여성 – 남성 간의 권력 격차를 중심으로 형성되어 있기 때문에 그 핵심, 즉 이 모든 것이 결국 '기본태가 되지 못한' 결과임을 이해한다면 빠르게 통찰을 얻을 수 있다. 맨즈 시스템은 성별 이분법을 기조로 남성과 여성에게 강자 – 약자의 지위를 부여함으로써 유지된다. 때문에 맨즈 시스템에서는 **권력관계**가 뚜렷하게 관찰된다. 남성의 주도권이 유지되기 위해서는 여성은 강제로라도 약자의 굴레에 머물러있어야만 하며, 때문에 이데올로기는 우리에게 약자의 자리에 머물 것을, 약자의 자세를 갖출 것을 주입한다.

강자와 약자의 지위에 따른 사회적 차이는 명백하다. 이에 대해 다루는 문헌은 수없이 많이 출간되었으므로 이 책에서는 특히 권력관계가 개인에게 끼치는 정신적 영향을 주로 살펴보고자 한다.

여성이 사회적 약자이고, 남성은 강자라는 것은 무엇을 의미하는가. 가장 중요한 것은 대상으로서의, 즉 타인이나 외부 세계에 모든 선택권과 주체성을 위임하는 사고방식을 체득한다는 것이다. 이 본질적인 원리는 모든 문제를 파생시키게 된다.

정의하는 것은 곧 힘이다. 강자는 타인을 정의하는 자다. 강자는 약자의 본질을 정의하고, 한계를 정의하고, 속성을 정의한다. 약자는 강자에 의해 존재를 부여받는다. '여자는 까다로워서 비위를 맞추기 어렵다.', '여자의 적은 여자다' 등의 수많은 말들은 점차 축적되어 눈덩이처럼 불어나 우리의 생각과 자아를 좌우한다.

약자의 위치에 머무르는 것은 그 자체가 고문이다. 약자는 욕망을 솔직하게 드러내고 추구하는 것을 포기해야 하며 또한 화를 낼 수도 없다. 약자가 무언가 욕망하는 것만큼 위험한 행동이 또 있을까. 욕구를 달성할 수 있는 가능성이 상대적으로 훨씬 제한되어 있기 때문에 우리는 애초에 욕망하지 않기를 택하게 된다. 그러나 그렇게 행동하지 못한다고 원하고 화를 내고 싶다는 욕구 자체가 사라진 것은 아니기에 항상 머릿속은 포화상태다. 그렇게 우리는 천천히 옥죄어져 간다.

약자로서 우리는 특정한 꿈을 꾸고 어떤 꿈은 버리기를 요구받으며 자신이 진짜로 원하는 바는 그 수많은 메시지들에 가려져버린다. 스스로가 진짜 원하는 바를 마주보지 못하기 때문에 항상 완벽하게 충족되지 않은, 어딘가 불만족스러운 상태다.

남성이 주도하는 사회는 남성에게 유리한 게임의 규칙을 적용한다. 이는 또한 사회적 기반의 문제로 이어진다. 남성에게 유리한 지금의 규칙 하에서 남성이 성공을 위해 이용 가능한 자원은 여성의 것에 비해 월등히 두텁다. 즉 여성은 남성에 비해 출발선에서부터 불리한 조건을 안고 달리며 그 불균등한 시작점은 고위직의 성별 비율에 대한 통계를 통해 산술적으로 증명된다.

불리한 출발선으로 인한 낮은 성취는 또다시 여성의 약자성을 확정하는 근거가 된다. 여성에게 불리할 수밖에 없는 게임의 룰을 적용한 후, 그 결과로서 나타난 낮은 성취를 '여성의 열등함'을 드러내는 증거물로 보는 것이 맨즈 시스템의 방식이다. 의도적이든 그렇지 않든 이러한 현상은 곳곳에서 관찰된다.

다음 장에서는 일터라는 구체적인 장소에서 맨즈 시스템이 어떻게 작용하는지를 살펴보면서 이런 개념을 보다 구체적으로 묘사해보고 자 했다. 이해를 돕기 위한 파트이기 때문에 이미 현실에서 가부장제 가 어떻게 작동하는지 충분히 알고 있다면 다음 장으로 바로 넘어가 도 좋을 것이다.

- **맨즈 시스템 (2)** 일터에서의 현실

　이 사회의 구조는 남성을 중심으로 오랜 시간동안 체계화되었다. 때문에 그 시스템은 남성에 봉사하며 여성을 배제하는 방식으로 작동하도록 프로그래밍되어 있다. 우리는 남성의 뒤편에서 경주를 시작하고 심지어는 족쇄를 차고 달린다. 그러나 이러한 개념은 구체적인 예시를 통해 분석하지 않으면 생소할 수 있는 이야기이다. 때문에 이번 파트에서는 일터에서의 예시를 구체적으로 살펴보면서, 이러한 맨즈 시스템이 어떻게 여성을 주도적인 위치로부터 배제하는지 그 방식을 간략하게 서술하고자 한다.

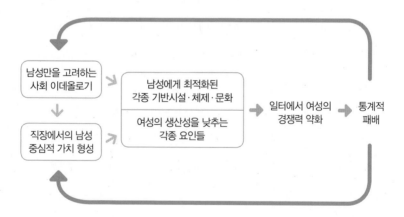

　남성만을 고려하는 맨즈 시스템의 이데올로기는 직장에도 존재한다. 때문에 우리는 일을 하면서도 **직장 내의 남성 중심적 질서 체계**

의 영향력 하에 있다. 보통 남성들은 실제 업무 성과보다 과대 평가를 받는 경향이 있으며, 이에 반하여 여성은 과소 평가를 당하는 경우가 많다. 성별에 따라 각자의 성취를 다르게 평가받는 현상에 대해서는 많은 연구가 행해진 바 있다.

또한, 남성에게 더 자주 관찰되는 행동이나 특성은 업무 외적인 행위들조차 긍정적인 평가를 얻거나 혹은 조용히 용인된다. 예를 들어 많은 직장에서는 여전히 직원들이 함께 담배를 피며 친목을 다지는 경우를 목격할 수 있다. 매시간마다 5분씩이라 가정했을 때 9시간을 근무하는 경우 매일 총 45분 간 담배를 피게 된다. 그럼에도 이는 적절한 휴식이자 승진을 위한 사내 인맥 구축의 기회처럼 여겨지곤 한다. 중요한 얘기는 때로 이런 사적인 자리에서만 언급되기도 한다. 반면 여성 흡연자의 경우에는 여전히 남아있는 편견에 의해 그런 자리에 함께하는 것이 인정되지 않거나 배제된다.

나아가 여성은 커리어를 일구기보다는 가사 노동에 집중하는 것이 적절하다는 구시대적 인식이 남성 중심적 문화를 유지·보수하는 데에 일조하는 것은 물론이다. 이처럼 사회 전반의 맨즈 시스템은 결국 직장에까지 연장된다.

이 두 요소(사회 전반의 맨즈 시스템, 직장에서의 남성 중심성)는 결국 **기반시설과 체제, 문화 등이 남성에게 최적화되도록** 만들며, **여**

성의 생산율을 낮추는 각종 요인들을 형성하게 된다.

한국이 경제적으로 급성장하고 있던 70-80년대 무렵 대부분의 직장은 심각한 남초였다. 한 직장에서 남성만큼 오랜 기간 동안 일하는 여성은 공무원 등의 안정적인 직군을 제외하고서는 찾아보기 힘들었다. 여성의 승진을 막는 유리천장 현상 외에도, 그들은 출산이나 결혼으로 인해 자연스럽게 퇴사를 택하곤 했다.

당시의 성별 불균형은 현 고위직 내 성별 구조의 불균형으로 이어졌다. 당시 사회 초년생들이었던 남성 중 상당수는 지금 회사에서 중책을 맡고 있는 임원의 위치에 올라 있다. 그러나 대부분의 여성들은 결혼, 출산 등 온갖 이유로 이미 회사를 떠나게 되었다.

국제노동기구의 2015년 발표에 의하면 한국 기업의 관리직에서 여성의 비율은 고작 11퍼센트에 그쳤으며, 이는 조사 대상이었던 125개 국가 중 115위에 해당했다.

기업 내의 의사결정자들이 대개 남자이기 때문에 회사의 시스템은 남성에게 보다 편리한 형태로 운영되며, 문화 또한 남성적이다. 맨즈 시스템은 여성들로 하여금 커리어를 포기하게 만들고, 그렇게 높은 자리가 남성으로 채워지면 결국 사내에서 여성의 발언권은 약해진다. 이처럼 맨즈 시스템은 스스로를 전파하고 복제하며, 자신의 부속물을 다시 빨아들여 생명을 존속한다.

– 고위층의 성별 불균형으로 인해 상당수 직장들은 남성 친화적인 문화를 형성하게 되었다. 접대 자리에서 벌어지는 성매매는 그 극단적인 형태다. 성매매는 남성만이 일을 할 것이라는 전제를 깔고 형성된 문화이며 여성 직원은 그 자리에 낄 수 없다. 회식 또한 마찬가지다. 회식에서 술을 많이 받아 마셔 성폭행을 당한다면 그 사람은 '당할 법 했다' 혹은 '조심했어야 했다'는 이야기를 듣게 된다. 그러나 이를 걱정해 술을 먹지 않는다면 그 사람은 '역시 여자는 사회생활을 할 줄 모른다'는 말을 듣게 된다. 물론 남성은 걱정할 것 없는 이야기이다.

– 하버드 경영대학원 교수인 캔터(Rosabeth Moss Kanter)는 이러한 "남성만으로 이루어진 사회의 재생산(homosocial reproduction)" 현상이 어떻게 이루어지는지 서술한 바 있다. 남성들은 오직 그들끼리만 연합하고, 지위와 특권을 공유하면서 그들의 지배적인 권력 관계를 재생산하기 위해 노력한다[2]. 또한 남성으로만 이루어진 네트워크(homosocial male network)는 성별을 분리하고 선별하는 과정을 통해 고위직에서 여성을 배제한다. 이러한 맨즈 시스템 내에서 여성은 저평가되는 반면 남성은 높은 평가를 받는다[3].

– '남자는 일터에서 생수병을 들기 때문에 임금을 더 받는 것이 당연하다' : 물통의 무게는 평균적인 성인 남성이 들 수 있는 무게를 기준으로 만들어졌다. 애초에 드는 사람이 남성일 것으로 가정하여 만들어졌다는 의미다. 그러니 당연히 여성이 들기에는 무거울 수밖에 없다. 애초에 근무하는 사람들이 대개 여성이었다면 그보다는 훨씬 가벼운 무게로 만들어졌을 것이다. 실제로 북미와 유럽에서는 여성의 근력을 기준으로 한 생수병이 유통되고 있다.

---

2   Men and Women of the Corporation

3   Martin, Gendering and evaluating dynamics: Men, masculinities, and managements, 1996

- 일터의 최적온도는 40대의 70kg 남성을 기준으로 설정되었다[4]. 때문에 여성의 경우 추위를 느끼게 되며 당연히 생산성 또한 저하될 수밖에 없다.

- 남성에게 요구되는 치장의 기준치는 여성에 비해 훨씬 낮다. 남성에게 화장은 기본적 예의로 여겨지지 않는다. 또한 여성의 옷들 중 사회적으로 매력적이라 여겨지는 것은 남성의 경우에 비해 여러 면에서 실용적이지 않고 움직이는 데 불편을 준다. 치마나 높은 굽의 구두 또한 마찬가지이다. 나아가 각종 미용 도구와 물건들을 사기 위해서는 시간과 비용 그리고 정신적 에너지가 소모된다. 이는 만약 외모에 대한 편향된 강요가 없었다면 다른 유익한 데에 쓰여 여성 자신의 역량을 향상하는 데 기여했을 것이다. 여성은 끊임없이 스스로의 외모를 일정 수준으로 유지해야 한다는 강박으로 인해 한 곳에 대해 집중하기가 어렵다. 외모에 대한 강박은 많은 여성들이 공통적으로 호소하는 문제이기도 하다.

- 가사 노동 : 아직도 한국의 가사 분담률은 세계 최저권이다. 아이가 아플 때 휴가를 내는 것은 보통 여성의 몫이 된다. 이러한 가사/육아에 비교적 시간을 투자하지 않아도 되는 비혼 여성이더라도 이는 큰 문제가 된다. 직장 내에서 비혼 여성은 기혼 남성과 경쟁을 하게 되는데, 비혼 여성의 경우 대개 가사 노동이나 여러 편의를 봐줄 사람이 없지만 기혼 남성의 경우 대개 여성이 그의 몫인 가사 노동을 나눠 가지게 된다. 그로 인해 기혼 남성은 기혼·비혼 여성에 비해 더 많은 에너지와 시간을 직업 자체에 투입할 수 있게 된다.

---

4   보리스 킹마, 빌딩의 에너지 소비와 여성의 열 수요

일터에서 여성이 겪는 이러한 '작은' 불편들의 축적은 결국 여성의 **직장 내 생산력을 약화시켜 커리어 성공 가능성을 갉아먹게 된다.** 그러나 회사 내에서건 밖에서건 이런 부당함에 대해 이야기하기는 꽤 어려운 일이다. 결국 이러한 문제제기는 다시 여성 개인의 탓으로 전가되기 때문이다('너가 더 노력했어야지', '너가 예민하게 받아들이는 거 아냐?'). 이러한 불공정함을 이겨내고 목표를 쟁취한 사람들도 물론 존재한다. 그러나 이를 이겨낸 사람이 존재한다는 게 기회와 가능성이 공정함을 뜻하는 근거는 아니다.

결과적으로 여성의 고위 직군 진출은 낮은 비율을 보이고 있다. 이러한 불편을 이겨낼 가능성이 존재한다는 것과 별개로, 어쨌든 간에 **통계적인 관점에서는 남성의 승리로 이어질 수밖에 없다**는 것이다.

그러나 일터에서 여성이 겪는 문제들이 여성 개인의 탓으로 전가되는 것과 마찬가지로, 이런 통계적 결과 또한 여성 개인이 노력하지 않은 탓이 된다. 맨즈 시스템은 1) 여성 전반의 경쟁력이 낮아지도록 설계해 둔 채, 2) 실제로 이것이 실현되면 3) 역시 예상대로 여성은 경쟁력이 없다는 결론을 내리는 자기 성취적 예언(self-fulfilling prophecy)의 방식으로 작동한다.

이처럼 맨즈 시스템 속에서 여성들은 도처에서 장애물을 마주치게 된다. 자유로운 경쟁은 처음부터 허상이었다. 시스템이 우리의 발목을 잡고 속도를 늦추고자 만들어 낸 억압들은 매우 광범위하다. 이는 애초에 남성이 오랫동안 사회적인 우위에 서 있었기 때문에 모든 체제들이 그들만을 고려해 만들어졌기 때문이면서, 또한 맨즈 시스템의 이데올로기가 이를 통해 스스로의 생명을 존속시키기 때문이기도 하다. 어찌 되었건, 맨즈 시스템은 마치 얇은 실을 뱉어내듯 우리에게 각종 불이익들을 부과하고 이를 촘촘히 엮어 가면서 마치 하나의 그물처럼 우리를 억압한다. 이러한 기제는 직장에서 뿐만 아니라 사회 전 영역에서 이루어지고 있다. 우리는 그물 속에서 태어나 대개 죽을 때까지 그 속에서 살게 된다.

• 맨즈 시스템을 유지하는 수단에 대해

이데올로기의 작동 방식을 살펴보면 맨즈 시스템이 어떤 방식으로 우리에게 영향을 끼치는지를 짐작해볼 수 있다. 이데올로기는 변한다. 그리고 변하면서 그 사회의 모습을 함께 바꾼다. 그리스·로마 시대, 그리고 현대에서 광기는 완전히 다른 의미를 지닌다. 현 사회에서 광인은 병자로 취급되어 사회에서 격리된다. 그러나 고대 그리스 로마 시절 그들은 신의 계시를 대신 전하는 선지자이자 신과의 소통 창구였다. 이처럼 절대적인 가치란 존재하지 않는다.

선과 악 또한 시대에 따라 다르게 규정된다. 시대의 변화에 따라 이데올로기가 변하면, 보편적으로 사람들이 공유하고 있는 선악 판단의 기준 또한 함께 변하게 된다. 절대적으로 선한 행동이나 절대적으로 악한 행동은 존재하지 않는다.

흑인에 대한 차별은 19세기에만 해도 지극히 당연하고 합리적인 행동이었다. 흑인은 야만적이고 동물적인 존재로 취급되었으며, 때로는 질병의 원인으로 여겨지기도 했다. 당시의 과학 역시도 이런 주장에 힘을 실어주었다.

심지어 대학교에 지원한 흑인 학생은 정신병동으로 보내지기도 했다. 흑인이 스스로 고등 교육을 받을 수 있을 거라 판단한 것 자체가 정상적인 판단능력을 상실한 결과라 생각되었기 때문이다. 그러나 지금 누군가 같은 이야기를 한다면 그 사람부터가 병동에 가게 될 것이다.

사랑 또한 발명된 지 그리 오래 되지 않은 개념이다[5]. 결혼은 본래 집안과 집안 간의 결합이었고, 그 사이에는 사랑이 파고들 여지가 없었다. 사랑에 기반한 결혼이라는 이상은 서구에서는 17세기 무렵부터 등장했다. 고대 그리스에서는 파트너 간의 질투가 존재하지 않았고 사랑은 오직 우정의 형태로 나타났다. 식민지 시대 영국인 커플들은 서로를 사랑하더라도 신에 대한 사랑을 위협하지 않도록 조절하기 위해 노력했다. 그러나 현대에 이르러 사랑은 특히 여성들에게 있어 모든 현실의 고통을 잊도록 만들 수 있는 마법적인 해결책이 되었다.

이데올로기는 구조로부터 태어났으며 그로부터 먹이를 얻어 다시 구조에 봉사한다. 이데올로기는 체계 유지에 기여하도록 직조된다. 예를 들어 현 사회에서 광기가 '건강한' 시민들로부터 격리되어야 할 질병으로 여겨지는 데에서는 자본주의의 흔적을 엿볼 수 있다. 자본주의의 기치 하에, 더 많은 것을 바쁘게 생산하고 성취하는 것은 정상적인 인간을 규정하는 척도가 되었다. 광인을 비롯해 생산성이 없는 사람들은 비정상, 비규범적인 것으로 여겨져 궤도로부터 추방당한다. 마찬가지로 긴장을 이완하는 진정제인 대마는 많은 국가에서

---

5   The History of Emotions, Jan Plamper

금지되고 있으나, 커피나 담배처럼 각성시키는 효과를 가진 약물들은 널리 통용된다. 모든 규범에는 의도가 숨어 있다.

흑인이 고등 교육을 수료할 역량이 없다는 사회적 인식은 곧 집단으로서 흑인이 백인에 대항할 힘을 기르지 못하도록 만든다. 이처럼 사회의 이데올로기는 체계의 존속에 ─ 즉 지배계층이 그들의 권력을 유지하기에 가장 유리한 방식으로 만들어진다. 돈과 권력을 소유한 지배 계층은 다른 계급에까지도 그들의 이데올로기를 전파한다. 맨즈 시스템 또한 마찬가지다. 맨즈 시스템은 우리에게 약자로서의 행동 양식을 부여하며, 이는 여성과 남성 간의 권력 격차가 줄어들지 못하도록 만들어 이 체계가 흔들리지 않도록 만든다.

모든 인간은 그 사회의 이데올로기를 내면화한다. 사회의 메시지는 지인, 미디어, 교육 등 인간 사회의 모든 요소에 반영되어 있으며, 때문에 산 속에 들어가 홀로 살지 않는 이상 우리는 매일매일 새롭게 사회화된다. 이는 즉 현 사회에서 통용되는 규칙을 직간접적으로 주입받는 것이다. 우리는 매일 우리의 신분에 따른 적절한 행동이 무엇인지를 주입받는다. 학생으로서, 여성으로서, 어머니로서, 딸로서,⋯ 어떤 행동은 우리의 조건에 부합하는 것으로 여겨지고, 어떤 행동은 질타를 받는다. 규범에 어긋나는 행동을 하는 사람은 직접적으로, 혹은 간접적으로 압력을 받아 다시 제자리로 돌아오게 된다.

그래서 우리는 특정한 행동을 당연하게 받아들이고, 반대로 규범으로부터 돌출된 행동을 보면 눈살을 찌푸린다. 우리의 모든 행동과 사고에는 사회 규범이 반영되어 있다. 어떤 행동이나 생각이 옳은지 혹은 잘못되었는지를 판단하는 것 또한 사회의 이데올로기를 바탕으로 이루어진다. 하이데거는 말했다. '사람들'로 인해 우리는 생각할 수 없게 된다. 어떤 누구의 생각도 온전한 자신만의 생각이 아니다. 우리의 소위 '자유로운' 사고 과정은 결국 맨즈 시스템에 기반을 둔 채 그 위에서 이루어진다.

자발적인 선택이란 과연 가능한가. 우리에게 주어진 선택지는 이미 맨즈 시스템의 이데올로기를 거쳐 제한된 상태다. 선별된 몇 가지 선택지, 사회적으로 용인되는 행동의 갈래에서 선택을 내리는 건 결국 맨즈 시스템의 틀 안에서 사고하는 것에 불과하다. 사회적으로 제시되지 않은 선택지를 떠올리는 것은 어려운 일이다.

사회적인 가치들에 의문을 품어 온 사람들 또한 그 영향으로부터 자유로울 수 없다. 그들은 기존의 시스템에 의구심을 제시하면서도 삶 자체는 여전히 그들이 제시한 길 위에 머물러 있다. 존재하는지조차 모르는 것을 욕망할 수는 없으며, 때문에 이데올로기 밖의 삶을 욕망하기란 불가능에 가깝기 때문이다.

진정 자발적인 선택은 현 사회에서 통용되는 이데올로기의 본질과 영향력을 인지한 후에야 가능해진다. 그 전까지 우리의 선택은 그 의도가 어찌 되었건 간에 결과적으로는 현 사회를 유지하는 데에 기여하게 된다.

물길이 없는 곳으로 물이 흐르지 않는 것처럼, 생각 또한 이미 정립되어 있는 경로 밖으로는 흐르지 않는다. 그러나 의심의 홍수는 기존의 둑을 터뜨리고 새로운 물길을 만든다. 우리는 맨즈 시스템의 이데올로기를 문제의식을 갖고 들여다 볼 필요가 있다. 막연히 이상하다고 느끼던 수많은 모순들로부터 맨즈 시스템의 문제가 하나씩 보이기 시작할 것이다. 그 다음 우리는 행동을 통해 우리를 억압하는 틀에 거부하고 맞서야 한다. 우리는 약자로서의 길 밖에 있는 다른 길, 다른 세계가 존재한다는 상상조차 하지 못하고 그 세계의 기준에 자신을 맞추어 왔다. 그러나 이는 결과적으로 우리 자신을 옥죌 뿐이다.

사회 규범을 따름으로써 우리는 어떤 보상을 받을 것이라 기대한다. 사람들의 인정, 금전, 행복 등의 보상 말이다. 물론 제시된 길을 따르면 대가는 주어진다. 그러나 그 보상조차 인간으로서의 우리가 아닌 대상물로서의 우리에게 맞추어진 것이다. 예쁜 외모를 가짐으로써 주어지는 보상은 고작 사람들로부터의 호의이거나 누가 더 성적으로 잘 대상화될 수 있는지를 겨루는 경주에서의 일시적인 승리다. 스스로의 삶을 사는 인간에게 이는 아무런 가치가 없는 보상이지만 우리는 대상물로서 얻을 수 있는 정도의 제한된 보상에 만족하도록 사회화되었다. 그러나 어떤 자유로운 인간이 고작 그런 대가에 만족할 수 있겠는가.

때문에 우리는 익숙하지 않은, 그러나 우리를 자기모순으로부터 해방시킬 수 있는 새로운 가치를 찾고 만들어야 한다. 맨즈 시스템의 영향력은 물론 크고 촘촘하다. 그러나 모든 영역에 맨즈 시스템이 퍼져 있다는 것이 곧 시스템을 바꿀 수 없다는 이야기와 동의어는 아니다. 이데올로기 또한 결국 인간의 창조물일 뿐이며, 힘이 있는 것은 오직 우리 자신이기 때문이다.

• 이 모든 것은 애초부터 우리의 것이 아니었다

인간의 정체성은 구조로부터 형성되나, 우리의 정체성을 만든 구조는 철저히 남성을 중심으로 돌아가며 여기서 우리의 내적 모순과 사회적인 충돌이 발생하게 된다. 맨즈 시스템은 생각할 수 있는 모든 방면에서 우리에게 억압을 가한다. 그 안에서 살아온 우리는 그들의 생각을 기반으로 사고하는 데에 익숙하다. 실상 우리가 생각하는 모든 것 – 사회 체제, 이념, 인간관계, 미래에 대한 청사진 – 은 온전한 우리의 것이 아니다. 우리는 심지어 자아의 토대이자 그릇인 자신의 몸까지도 남성의 시선으로 재단하고 점수를 매기곤 한다.

우리 사회는 가장 사소한 부품까지도 남성을 기준으로 만들어졌다. 종교, 정치, 법, 도덕, 학문 … 그 모든 것이 만들어졌을 때 여성은 완전히 배제되거나 간혹 선심을 쓰듯 두 번째 순서로 간신히 고려되었을 뿐이다. 이 사회는 오로지 남성에게 적용될 것만을 염두에 둔 채로 짜여졌다. 여성은 남성을 위해 존재하는 부속물이자, 정소와 고환 대신 가슴과 자궁을 가진 남성의 변형체로서만 여겨져 왔다.

우리는 처음부터 인류Mankind가 아니었다. 우리는 남성의 변형태, 어머니, 아내, 애인으로서 인류의 범위 끄트머리에 간신히 올라탔을 뿐이다. 맨즈 시스템 속에서 우리는 절대 남성과 동등하게 여겨지지 않으며, 이데올로기의 촘촘한 그물 속에서 우리는 그들이 바라는 방식으로 살아갈 것을 암묵적으로 강요받게 된다. 이 모든 것들은 애초부터 우리의 것이 아니었다. 진정한 의미에서의 '삶'은 이를 인식하면서 시작된다.

관 속에서 태어난 우리에게 삶은 허가되지 않았다. 우리의 선택들은 이미 예속되어 있었다. 그러나 우리는 주어졌던 단 하나의 선택지를 자발적으로 '선택'했다고 착각하곤 한다. 그 속에서 우리는 천천히 가라앉아간다. 도달할 수 없는, 그리고 그 기준마저 항상 변하는 완벽한 여성상에 도달하기 위해 스스로를 학대하다시피 다루면서, 우리는 실제로 우리가 원하는 곳에 쏟아야 할 에너지를 전부 낭비하게 된다. 혹은 스스로를 옭아매는 그물을 불태우지 못하고 자신을 희생하고 속으로 갈등을 겪는다.

맨즈 시스템 속에서 많은 여자들은 자기 자신을 제외한 모든 것을 믿는다. 외부에 평가자를 두는 삶으로 인해 그들 자신에게 그만큼의 가치가 있는지를 끊임없이 점검하고 의심하면서 그 자격 요건을 맞추도록 교육되었기 때문이다. 자기 확신이 없는 삶은 외부 요인에 매달려 지탱된다. 아무것도 믿지 않고 사는 것은 불가능하며 우리는 어찌 되었건 삶을 계속 이어갈 방법을 찾아야 하기 때문이다. 비록 임시방편이라 해도 말이다. 그래서 많은 여성들은 흔들리고 신뢰할 수 없는 자기 자신 대신 무언가를 그 자리에 대신 세워둔다. 학업이나 직업에서의 성취, 신념, 종교, 애인, 가족, … <u>자기 자신을 제외한 모</u>

든 것을 믿을 수 있으므로.

그들은 자기 자신을 위해 싸우기보다는 외부의 사람이나 대상을 지키기 위해서만 싸우는 것을 보다 편안하게 여긴다. 자기 확신이 결핍된 여성들은 흔히 스스로를 파괴하는 사람이나 행동에 대한 집착을 놓지 못하곤 한다. 이는 우리가 맨즈 시스템으로부터 나눠받은 위치에 머무른다면 스스로의 손으로 일구어내고 가질 수 있는 것은 아무것도 없음을 무의식적인 수준에서나마 인지한 결과다.

그러나 이 모든 것은 애초부터 우리의 것이 아니었다는 사실은 역설적으로 우리를 자유롭게 만든다. 가진 것이 있어야 무언가를 버릴 수도 있다. 주어진 것이 없었기 때문에 우리는 버릴 것이 없다.

딸과 아들을 차별적으로 사랑하는 부모를 가정해 보자. 이 상황에서 많은 딸들은 처음에는 스스로 더 잘 해내기 위해 노력한다. 부모가 이야기하는 기준, 심지어는 종종 그들의 기분에 따라 달라지곤 하는 유동적인 기준을 맞추기 위해 스스로를 깎아가며 노력한다. 그러나 어느 순간 그들은 깨닫게 된다 - 고통스럽게 노력해서 그 기준을 맞춘다 하더라도 대개는 점점 더 많은 것을 요구받게 되며, 만들어져 있는 이상적인 모습으로부터 벗어난다면 그들은 외면받게 된다. 스스로를 억누르며 그 연약한 틀 안에 있을 때만 그들은 '사랑'을 받을 수 있다.

그러나 그것을 사랑이라 부를 수 있는가. 아들을 사랑하고 남은 사랑을 적선하듯 던져주는 것이 딸을 살릴 수 있는가. 답은 명확하다. 그 '사랑'은 딸을 서서히 말라 죽도록 만들 뿐이다. 그가 이 상황에서 완전히 벗어날 수 있는 길은 하나다. 애초에 그 사랑이 오직 허울뿐이었으며, 처음부터 그는 참가 자격조차 갖지 못했음을 깨닫는 것이다. 그는 손에는 처음부터 아무것도 주어지지 않기 때문에 마찬가지로 버릴 것도 없다. 그들이 주었던 사랑은 사랑이라는 허울을 쓴 기만이었을 뿐이다. 이 이야기는 맨즈 시스템과 여성 일반 간의 관계를 보여준다.

그러나 무기력해질 필요는 없다. 지금의 이 상황은 역설적으로 우리가 갖고 있는 강점이기도 하다. 애초에 이 모든 것들이 우리의 것이 아니었다는 말은, 달리 말하면 우리를 위해 만들어진 기준이 아닌 이데올로기를 따르려 노력할 필요가 없다는 것을 의미하기 때문이다. 이 모든 것들은 우리를 위해 만들어진 것도, 우리를 상승시켜줄 이데올로기도 아니다.

맨즈 시스템은 우리에게 여성으로서 가치를 갖는 기간이 한정되어 있다고 이야기한다. '예쁠 나이'라거나, 더 노골적으로는 '여자는 크리스마스 케익과 같다'는 이야기가 여기에 속한다. 그러나 여성의 나이는 오직 맨즈 시스템을 유지하는 데에 있어서만 유의미하다. 여성에게 조급함을 들게 하고 남성이 보기 좋은 '어린' 외모를 유지하도록 하는 데에만 초점이 맞춰져 있을 뿐, 우리 자신에게는 아무런 의미가 없다. 스물다섯을 넘어도, 서른을 넘어도, 마흔을 넘어도 우리는 성장하고 변해갈 뿐이며 우리 자신의 가치는 달라지지 않는다.

맨즈 시스템의 가치는 우리 자신에게는 아무런 의미가 없으며, 이에 따라 생각하고 살아가는 것은 달리 말하면 오직 남성들에게만 이득을 줄 뿐이다. 우리는 맨즈 시스템의 이데올로기를 벗어나 실제로 우리에게 득이 되는 것이 무엇인지를 생각해 보아야 한다.

역설적으로 이 시스템의 주체로서, 동등한 인간으로서 살아본 적이 없었기 때문에 우리가 이 모든 것들을 벗는 것은 쉬운 일이다. 지금의 틀은 우리에게 아무런 실질적인 이득을 주지 않기 때문이다. 세계를 뒤흔드는 변화는 갖지 못한 사람들로부터 온다.

우리는 틀을 깨는 것이 아니라, 우리에게는 애초에 틀조차 주어지지 않았음을, 그리고 우리는 그렇게 주저앉혀진 채로 태어났다는 것을 깨달아야 한다. 애초에 어떤 틀도 우리에게 주어진 바 없기 때문에 한 번의 깨달음만으로도 그 틀은 녹아내린다. 촘촘한 그물처럼 우리를 억압하는 맨즈 시스템의 이데올로기를 벗고 우리 자신을 위한 새로운 세상을 쌓아올려야 한다. 그 후 이 세상의 모든 것들은 오직 당신이 스스로 선택한 것들로 이루어지게 된다. 어떤 것도 더 이상 우리를 제한할 수 없으며 우리가 만들어내는 모든 것들은 그 자체로서 단단한 진실이 된다.

• 우리가 믿는 것이 바로 모든 것이다

앞서 말했던 딸의 이야기로 잠깐 돌아가 보자. 딸이 사랑의 일부라도 얻을 수 있는 유일한 방법은 부모가 바라는 틀에 자신을 우겨 넣는 것이다. 그러나 이상적인 사랑은 서로의 모습을 그대로 존중해 주는 것이다. 때문에 그들의 방식 속에서 딸이 사랑을 갈구하는 것은 모순적인 행동이다. 사랑에 대한 부모의 허용치와 딸의 기대치는 일치하지 않으며, 또한 사랑을 얻기 위한 방식 자체가 그를 불행하게 만들기 때문이다. 가끔씩 주어지는 작은 빵조각은 딸이 다시 일어나 힘든 경기에 참가하도록 만드는 유인에 불과하다.

딸은 패배할 수밖에 없도록 이미 짜여진 게임판 안에서 천천히 소진된다. 마찬가지로 우리 또한 맨즈 시스템 속에서 절대 이길 수 없는 게임에 매달려왔다. 친절함이라거나 치장, 혹은 도덕처럼 여성에게 편향적으로 요구되는 것들 – 즉 여성에게 요구되는 틀에 스스로를 끼워 맞춘다면 예시로 든 딸처럼 천천히 소진되어 갈 뿐이다.

우리 모두는 이 상황에서 딸이 부모에게 무언가 불만을 털어 놓는다 해도 아무것도 달라지지 않는다는 것을 알고 있다. 흔히 '더 사랑하는 사람이 진다'는 이야기를 한다. 이 말에서 의미하는 사랑은 상대 없이는 견디지 못하는 의존이다. 그리고 의존한다면 그 게임에서 그는 절대 이길 수 없다. 부모는 딸이 결국 그들의 주위를 뱅뱅 돌며 따라다닐 것을 안다. 때문에 이처럼 기존의 궤도를 벗어나지 않고 의존 상태에 머무른다면 그들의 관계가 본질적으로 변하는 건 불가능하다.

상황에 대한 통제력을 빼앗긴 상태에서 그들이 요구하는 바에 따라 사는 것은 곧 여전히 부모로부터 벗어나지 못했음을 의미한다. 부모는 딸의 사랑을 갈구하지 않지만, 딸은 부모의 인정과 사랑을 반드시 필요로 하기 때문에, 궤도 위에서 아무리 변화를 요구한다고 해도 딸은 절대 부모와 동등한 수준의 통제권을 쥘 수 없다. 그들을 완전히 포기하지 않는다면 딸에게 결코 평안은 없다.

딸이 진정한 평안을 누릴 수 있는 유일한 방법은 처음부터 자신이 가진 것은 아무것도 없었음을 깨닫는 것이다. 부모의 사랑은 처음부터 딸에게 아무것도 약속하지 않는다. 부모가 재단한 딸의 가치는 '널 위한 거야'라는 말로 포장되지만 실상 부모 자신을 위한 것이다 (재미있는 건, 이 예시의 부모들은 그 말을 스스로도 믿고 있다는 사실이다).

마찬가지로, 처음부터 맨즈 시스템이 우리에게 요구한 바가 사실 우리 자신에게는 아무런 효용이 없었다는 것을 철저하게 인식해야만 우리는 자유로울 수 있다. 이런 인식을 바탕으로 우리는 기존에 요구받았던 약자성에서 벗어나야 한다. 우리는 이를 아쉬운 마음으로 포기하는 것이 아니라, 드디어 그것이 우리 자신에게 이득이라는 것을 알게 되어 기꺼이 잘못된 시스템을 '버리는' 것뿐이다. 마지못해 하는 포기는 유혹이 있다면 쉽게 과거로 다시 돌아가게 만들지만 애초에 그게 당신에게 아무것도 주지 않았다는 사실에 대한 인식은 새로운 목적지로 나아갈 수 있도록 한다.

　우리는 올바른 삶의 궤도라고 믿고 살아왔던 낡은 껍데기를 버리고 새로운 길, 주어지지 않은 길을 개척해 나가야 한다. 일부 사람들은 기존의 가치체계에서 벗어난 새로운 규칙을 따르는 데에 어려움이나 거부감을 느낀다. 원인은 다양하다. 기존 가치체계 속의 특정한 현상이 자신에게 해를 끼치지 않는다고 여기기 때문일 수도 있고, 주류로부터 멀어지는 데에 대한 두려움일 수도 있다. 또는 믿고 따를 새로운 가치가 없는 상황에서 기존의 것을 버리는 것이 막막하게 느껴지기 때문일지도 모른다. 혹은 기존의 삶의 방식에서 벗어난 삶의 모습을 상상하기 어려워서일 수도 있다.
　결은 다르더라도 이 모두는 결국 맨즈 시스템을 기반으로 한 지금의 사회에 지나치게 높은 중요도를 부여하고 있기 때문이다. 기존 사회로부터 벗어난 삶에 가해질 압력을 두려워하거나 예외적인 삶을 사는 데에 거부감이 든다는 건, 외부에 지나치게 높은 중요도를 부여하고 스스로에게는 지나치게 낮게 부여하고 있다는 증거다. 마치 부모의 사랑이 없으면 살 수 없을 거라 착각하고 있는 딸처럼 말이다.

새로운 길에 대해

이렇게 우리는 갑갑한 그물에서 벗어나게 된다. **그리고 그 후 우리 앞에 놓인 건 아무것도 쓰이지 않은 백지다.** 어렸을 때 찰흙을 갖고 빚었던 세상처럼 이제 세계는 다시 흥미로운 놀이터가 된다. 굳건한 것처럼 여겨졌던 기존의 세계관이 한 차례 무너졌기 때문이다.

사람들은 대개 현 사회의 세계관에 많은 가치를 부여하고 있어 여기에서 벗어나기를 두려워한다. 때문에 그들은 이 사회 속에서 높은 지위를 얻기 위해 애쓴다. SNS 팔로워 수를 늘리고, 인맥과 부를 과시한다. 대개 그들은 그런 세계관을 죽을 때까지 갖고 가게 된다.

하지만 맨즈 시스템을 벗은 우리의 경우는 다르다. 보통 사람들이 사회의 가치를 추구하는 것은 그것이 결국 자신에게 이득이 될 것이라 생각하기 때문이다. 하지만 맨즈 시스템 속에서 여성들이 욕망하도록 요구받아 온 가치들이 결국 여성을 위한 것이 아님을 알게 된 사람들은 스스로의 욕구에 솔직하고 충실해지게 된다. 사회에서 이야기하는 가치를 얻든 얻지 못하든 결국 중요한 것은 자기 자신이 원하는 것이다.

이처럼 기존의 세계관을 벗어 던진 사람들에게 중요한 것은 자기 자신밖에 없다. 사회에서 개인에게 요구하는 것들 – 나이가 많으니 도전할 수 없다는 것, 돈이 없다는 것, 외모가 트렌드에서 벗어났다는 것, 혹은 어려운 일이니 포기하라고 말하는 것과 같은 방해는 이제 우리에겐 의미가 없다. 한 세계로부터 완전히 벗어나 본 사람, 그 무가치함을 깨달은 사람이 다시 그 안으로 들어갈 리 있겠는가.

맨즈 시스템의 모순을 깨닫는 과정에서 우리는 **모든 사실은 해석의 문제**임을 뼈저리게 느끼게 된다. 그리고 이는 우리의 한계 없는 자유에 일조한다. 앞서 사람들이 가장 공정하고 객관적이라 믿는 과학 또한 실험자의 주관이 개입될 수밖에 없음을 지적했다. 맨즈 시스템의 모순을 처음 마주할 때 모든 사실에 필연적으로 주관이 개입되어 있다는 인식은 고통이지만, 그 시기를 넘은 후에는 축복이자 동력이 된다.

사회를 비롯해, 우리가 절대적으로 믿고 있는 가치들은 통상적으로 생각하는 것보다 훨씬 변하기 쉽다. 모든 사실은 해석의 문제다. 같은 사건을 보더라도 목격자마다 다른 진술을 하며, 동물들의 습성에 대해서도 인간은 지극히 주관적으로 해석한다. 사자의 경우를 보자. 대개 사자들은 숫사자가 암사자들을 **거느리는** 것으로 묘사된다. 이는 사자 무리가 보통 여러 암사자와 한 마리의 숫사자로 구성되고, 한 숫사자가 다른 암사자들과 교미하는 것에 대한 지극히 남성 중심적인 해석이다. 그러나 여기서 '암사자들이 괜찮은 숫사자를 골라 거느리는 것'이라는 해석도 얼마든지 가능하다. 현상에 대한 사람들의 시각은 모두 다르다. 모든 '객관적'인 사실에는 필연적으로 인간의 주관이 섞여 있다.

그러나 절대적인 사실이 존재하지 않는다는 건 동시에 우리가 믿는 것이 곧 자신의 현실임을 뜻한다. 현실은 우리의 믿음을 통해 재편된다. 우리는 모든 가치를 구속에서 벗어나 새로이 부여하고 정의할 수 있다. 기존의 사회적 기준이 이제 아무런 의미도 영향도 없기 때문에 우리는 모든 것을 새로 설정할 수 있을 만큼 자유롭다.

우리가 두려워하던 건 결국 절대적인 공포를 불러일으키는 무시무시한 괴물이 아니었다. 다만 공포를 갖도록 주입받았을 뿐이다. 선망하고 원하던 것도 절대적인 가치를 지니는 것이 아니라 다만 흔들리는 연약한 가치체계에 의해 교육받은 것이다. 결국 이런 가치들의 서열을 설정하는 것은 인간이며, 사회의 모습은 스스로의 가치를 얼마나 펼치는가에 따라 결정된다.

이제 세계는 오롯이 당신의 의도에 따라서 그 모습을 달리하게 된다. 학벌, 직장, 이뤄 온 성과들… 그 모든 것들은 당신의 현 상태일 뿐 당신 자체를 설명하지는 못한다. 당신의 정체성은 이제 오직 현재와 미래에 대한 의도로만 이루어지게 된다.

의도에 따라 미래와 현재가 달라진다는 걸 알게 되면, 우리는 자연스럽게 모든 외부의 요소들로부터 자신을 분리하고 거리를 두게 된다. 자신의 삶을 누리고 체험할 수 있는 인간은 오직 자기 자신뿐임을 깨닫게 되면서 우리는 일정한 거리를 두고 세계를 신처럼 멀리서 바라보게 된다. 이는 곧 스스로에게 모든 권위를 부여하고 성공과 실패 또한 오직 자신의 기준에 따라 규정한다는 의미다. 바꾸어 말해 우리의 정체성을 구성하는 건 오로지 우리의 자아, 우리의 의도밖에 없다는 것을 아는 것이다. 옳고 그름이 존재치 않으므로 그는 모든 것을 자신이 보고 믿는 그대로 살아갈 수 있다. 행동의 이유는 필요치 않으며 다만 그의 욕망만이 중요하다.

맨즈 시스템을 완전히 벗어나는 것이 어떤 느낌인지 더 자세히 살펴보자. 맨즈 시스템 속에서 머무르는 채로 그 체계의 규칙을 따르면서 여성주의를 추구하는 사람(서론에서 언급한 2단계)이 있다. 그리고 규정을 모두 거부하고 우리의 규칙대로 새로운 세계를 만드는 사람(3단계)이 있다. 두 사람 모두는 이 말을 외친다.

"우리는 사람이다. 사물이 아니다."

그 다음에서 그들 간의 차이는 보다 분명하게 드러난다. 맨즈 시스템 자체는 부수지 않은 채 다만 개별 현상만을 바꾸고자 하는 사람, 즉 2단계의 사람은 이 말을 하면서도 여전히 답답한 감정을 느낀다. 주류가 아니라는 불안, 혹은 주체적으로 선택한 화장과 같은 것들이 여전히 그의 발목을 잡고 있다. 사회를 설득하고 이해시키기 위해 노력하면서 스트레스를 받기도 한다. 자신을 가두고 있는 틀에 대한 심층적인 고민 없이는 완벽하게 현실을 부수고 다음 단계로 나아갈 수 없다.

반면 3단계에서는 이런 대사가 그 뒤로 이어진다.

"우리는 그 모든 것을 거부한다. 그리고 아무것도 없는 백지로부터 모든 것을 새로 쌓아 올리겠다. 모든 규칙, 모든 법률, 모든 행위는 우리가 정한다. 그 외의 것들은 아무 의미가 없다." 때문에 그는 완벽하게 자유로울 수 있다. 주류에서 벗어나는 것, 그리고 그로 인해 일종의 안정으로부터 배제되는 것조차 그에게는 문제가 되지 않는다. 드디어 모든 선택은 온전히 그의 것이 되었고, 그의 삶은 온전히 그가 설계한 인생이기 때문이다.

그렇게 그는 자유로워지고 더 이상 그를 두렵게 할 수 있는 것은 없다. 경계를 넘을 수 있는 동력은 가부장제의 여성 혐오를 단순히 인지하는 것을 넘어 온몸으로 깨닫는 데서 나온다. 그동안 다만 스스로의 탓으로 돌렸던 많은 것이 자신의 탓이 아니었음을 알게 되고, 어쩔 수 없다고 넘겨왔던 일들 또한 바뀐다는 것을 알게 된다. 그 어떤 것도 그에게는 자기 자신 이상의 의미가 없기 때문에 역설적으로 그는 이제 모든 것을 할 수 있다.

- **부록:** 매트릭스

영화 〈매트릭스〉는 '빨간 약(비록 고통스러울지언정 거짓 없이 가부장제의 현실을 마주보기를 선택한다는 은유적 표현)'이라는 단어를 비롯해 가부장제 속의 우리에게 시사하는 바가 큰 영화다. 작중에서 남주인공은 파란 약(빨간 약과 반대로, 가짜 세상 속에서 일시적인 평안을 누리려는 선택)과 빨간 약 중에서 빨간 약을 선택한다. 그렇게 그는 기계들이 만들어 낸 가짜 세상에서 깨어나고 처참한 현실을 마주보게 된다. 그 후 주인공은 현실을 바꾸기 위해 다시 허구 속으로 들어간다.

가짜 세계 속에서 주인공은 어린 아이를 만나게 된다. 그 아이 역시도 그 세계가 만들어진 가짜 세계임을 깨닫고 있다. 다른 인물들도 그 세계가 허구임을 알지만 이를 온전히 느끼지는 못한다. 허구임을 깨달았음에도 여전히 이를 마음대로 조종할 수 없는 주인공에게 아이는 이렇게 말한다.

Don't try to bend the spoon. That's impossible. Instead only try to realize the truth – there is no spoon. Then you will see that it is not the spoon that bends. It is only ourselves.

숟가락을 휘려고 하지 마세요. 그건 불가능해요. 대신 단순히 진실을 깨달으려 노력하세요. 스푼은 존재하지 않는다는 진실을요. 그럼 알게 될 거에요. 휘는 건 숟가락이 아닌 우리 자신이라는 걸.

이 짧은 대사에서 우리는 수많은 메타포를 읽어낼 수 있다. 먼저 '가짜 세상'에 대한 은유다. **매트릭스**는 통제권을 유지하기 위해 만들어진 인공적인 세계라는 점에서 **맨즈 시스템**에 대응한다. 맨즈 시스템과 매트릭스는 기득권에 봉사한다는 분명한 의도를 가지고 만들어졌다. 매트릭스 속의 인간들은 현실에서는 기계에 의해 생명력을 착취당한다. 이런 구조를 알지 못하거나 의도적으로 외면한다면 착취의 망에서 벗어날 수 없다. 이 시스템은 인간에게는 실제로는 아무런 이익을 주지 않으며 오직 기득권에 봉사한다는 본래의 목적에 충실할 뿐이다. 맨즈 시스템 또한 마찬가지로 작동한다.

How do you define real? 진실을 어떻게 정의하나요?'

매트릭스는 진실 위에 덧씌워 만들어진 세계다. 그러나 진실은 어떻게 규정될 수 있는가. 우리가 진실이라 믿는 것이 과연 진실인가.

영화 속의 일부 인물들은 빨간 약 대신 파란 약을 선택해 현실을 직면하는 것을 포기한다. 어차피 허구의 세계라 할지라도 진짜와 다를 바 없는 감각을 선사하기 때문이다. 그들의 말처럼, 만들어진 세계가 진짜 세계와 다를 바가 무엇인가? 빨간 약을 선택해 현실을 마주보는 건 고통스러울 뿐이며 오직 소수만이 진실을 공유한다. 파란 약은 거짓이지만 더 많은 사람들이 공유하는 세계이면서 현실만큼이나 생생한 감각을 제공한다.

그러나 매트릭스 속에서 살아가는 인간은 모래 위에 쌓인 건물에서 살아가는 것과 같다. 모르는 동안 그들은 안정감을 느끼지만 그들이 생각하는 현실은 언제든 무너질 수 있는 사상누각에 불과하다. 그리고 상황을 통제할 수 있는 권한은 그들의 손이 아닌 통제자의 손에 있다.

진실은 허구의 균열 사이로 새어나가며, 새장 밖으로 나가기를 바라는 사람은 항상 존재한다. 결국 누군가는 빨간 약을 선택하게 된다. 그리고 그들에게 있어 매트릭스 속의 모든 규칙과 사건들은 하늘 위에서 내려다보듯 아주 작은 것에 불과하다. 허구 속에서 살아가는 사람들에게는 허용되지 않는 사치다.

그래서 주인공은 숟가락을 휠 수 있다. 매트릭스가 거짓임을 철저하게 깨달았기 때문에 주인공은 매트릭스 속 규칙의 영향력 밖에 있다. 우리는 맨즈 시스템의 산물들, 이 사회의 모든 것들을 마음대로 사용하고 이용하고 바꿀 수 있다. 이는 어차피 우리에게 진짜 영향을 끼치지 못하는 허구에 불과하다.

파란 약을 먹은 사람들의 생각처럼 ― 진실과 거짓을 구별하는 건 아무 의미도 없을지 모른다. 그러나 빨간 약을 먹은 사람들에게 매트릭스 속의 작은 세계는 기계의 규칙으로 짜인 시시한 장소다. 현실을 보기를 택한 자들, 믿어왔던 모든 시스템들이 사실 아무런 의미도 없었다는 것을 깨달은 사람들은 새로운 세계를 창조해갈 수 있다. 파란 약을 선택했거나 혹은 약이 존재한다는 것도 모른 채로 매트릭스 속에서 살아가는 사람들은 그 속의 규칙에 따라 행동해야만 하지만, 빨간약을 먹은 사람들에게는 모든 것이 자유롭다. 그는 어딘가 일그러져 있고 결과적으로 아무런 이득이 되지 않는 매트릭스 속 세상에서 만족할 바에는 스스로의 세상을 만들 것이다. 우리 자신 외의 모든 것으로부터 자유롭기 때문에 우리의 선택에는 제한이 없다.

• 우리가 만들 수 있는 새로운 미래

이데올로기 속에서 살고 있는 사람들은 그 사회의 시스템이 굳건하고 단단하다고 생각한다. 때문에 새로운 변화의 가능성에 회의적이고, 만일 변화하더라도 그저 점진적으로 이루어질 것이라고 본다. 살아 있는 동안 새로운 사회를 볼 수 있을지 의심할지도 모른다.

그러나 모든 시스템은 변화해왔고 현대의 우리는 과거를 낯선 눈으로 관찰한다. 아무리 찬란한 왕조도 결국은 사라지며 역사책에서나 찾아볼 수 있게 되고, 과거의 유적 위로는 풀이 자라고 새로운 도시가 생겨난다.

때로 변화는 급진적이다. 공산주의는 급작스럽게 등장해 빠르게 사라졌다. 프랑스 혁명은 왕정을 무너트렸다. 그리고 지금 한국에서 인류Womkind를 위한 사회로 향하는 에너지는 어느 때보다 강력하다. 움직일 때는 지금이다. 우리가 해야 할 것은 상황을 유심히 살피면서 방향을 설정하고 행동하는 것, 그리고 개인적·집단적 영역 모두에서 변화를 이끌어 내는 것이다.

이 이야기는 이상을 현실로 끌어오려고 애썼던 기존의 이야기들과 비슷하게 들릴지 모른다. 그러나 맨즈 시스템의 규칙이 절대적이지 않다는 것을 느낀 사람들은 사회 또한 변화할 수 있다는 것을 믿게 된다. 우리는 현실을 재편할 수 있다는 확신을 갖고 주저 없이 빠르게 나아갈 수 있다.

우리가 만들고자 하는 세계는 여성이 인간의 기본형으로 여겨지는 사회다. 여성이 타인의 욕망이 아닌 오직 스스로의 욕망에 따라 살아가고, 남성의 권력을 일부 나눠받는 것이 아니라 온전한 우리의 권력이 있고 '자기만의 방'이 있는 곳이다.

우리는 이상적인 사회에 한 걸음 더 가까워지기 위해, 그리고 우리 자신에게 남아 있는 가부장제의 파괴적인 잔존물을 없애기 위해 여성을 모든 것의 기준이자 원형으로 삼기를 제안한다. 여성으로서 강요받은 특성들이 천부적인 것이 아니라 다만 권력 관계에서 남성에게 밀려났기 때문에 갖게 된 약자성임을 깨달아야 한다. 그리고 약자성을 탈피해 주체성을 확보하고 우리가 본래 누려야 했던 권리를 되찾아야 한다.

약자성과 강자성

여성에게 강요된 약자성을 탈피하는 건 여성임을 거부하는 것과는 엄연히 다르다. 남성의 변형으로 다뤄진 그동안의 역사는 우리의 몸에도, 기억에도, 정신에도 여전히 새겨져 있다. 때문에 여성에게 약자성이 덧붙여졌음을 인지하는 과정에서 사람들은 종종 함정에 빠진다. 신체적 여성성을 혐오하게 되거나, 여성이라는 성별 자체와 약자성을 결부 지어 생각하는 등 우리 자신에게 패배적 속성을 연결지어 떠올리게 되는 것이다.

가부장제의 여성혐오를 알아가는 과정에서 많은 사람들은 약자성을 되새기게 된다. 맨즈 시스템 아래의 이 모든 현상들에 차별적인 메시지가 얼마나 많이 담겨있는지를 알게 되면서 우리가 피해자라는 것을 더욱 강렬하게 새기게 되는 것이다. 그 과정에서 사람들은 때로 분노와 환멸에 시달린다. 현실이 변하지 않을 것처럼 보이는 것 또한 여기에 한 몫을 한다. 고발적인 페미니즘은 필수적이지만 맨즈 시스템의 현실을 해부할 뿐 다시 봉합하지는 않는다는 문제를 안고 있다. 이는 우리가 나아갈 방향을 제시하지 못한다.

약자성과 여성성을 구별함으로써 우리는 함정을 피하고 스스로의 약자성을 되새기기를 멈출 수 있다. 선택과 의도만이 우리의 본질을 규정하며, 나이나 지위와 같은 이외의 것들은 모두 다만 가변적인 상태를 설명하는 것처럼, 약자성 또한 상태일 뿐 여성의 본질적인 특성이 아니다. 이는 일시적인 속성에 불과하다.

또한 기존 권력의 규칙을 따르는 것이 곧 여성의 남성화를 의미하는 것은 아니다. 학습된 약자성이 여성성이 아닌 것처럼 강자성은 남성의 전유물이 아니다. 용기나 결단성과 같은 긍정적인 속성들은 다만 사회적인 강자성일 뿐 남성의 특성이 아니다. 그리고 권력 또한 우리의 필요에 의해 가지고자 하는 부속품에 불과하다.

때로 권력에 대한 지나친 갈망으로 남성 자체를 선망하게 되는 사람들이 있는 것을 안다. 이는 여성으로서 자신을 오로지 약자로 여기는 것과 같은 맥락이다. 남성들이 전유하고 있던 사회적인 권력을 욕망하는 것은 이 길을 걷도록 하는 첫걸음이지만, 권력 또한 우리 자신을 앞서지 않으며 가장 우선시되어야 하는 것은 언제나 자신이다.

우리가 해야 하는 작업은 여성 자체를 새로운 기준으로 삼아 세계를 다시 해석하고 만들어내는 것이다. 기존 맨즈 시스템의 속에 머무르면서 개별 현상을 하나씩 하나씩 뜯어 고치는 것보다는 우리의 것을 새로 만드는 것이 훨씬 경제적이고 효과적이며, 또한 즐겁고 힘을 준다.

지금이 바로 움직일 때다

이 이야기에서 가장 중요한 건 실천이다. 기존의 허물을 벗는 건 처음에는 고통스러울 수 있다. 그러나 그럴수록 실천의 중요성은 더 커진다. 우리는 맨즈 시스템의 허물을 벗고 살아 보는 경험이 필요하다. 맨즈 시스템은 우리에게 틀 밖으로 벗어난 인간들이 어떻게 되었는지에 대한 공포스러운 설화들을 들려준다. 못생긴 여자는 사랑받지 못하고, 나이든 여자는 여자로서의 가치가 없다. 그러나 밤중에 두려워하다가 눈을 뜨면, 결국 두려움의 실체는 다만 옷장에서 삐져나온 코트자락에 불과했단 걸 알게 된다. 남성은 스스로 주장하는 것만큼 강하지 않으며, 우리는 사회에서 말하는 것만큼 약하지 않다.

맨즈 시스템 속에서 살아온 우리가 여성을 기준으로 삼는 법을 배우지 못한다면 결국 끊임없는 모순 그리고 자기부정과 싸워야 한다. 우리는 여성임에도 남성의 시선으로 세계와 우리 자신을 보는 데에 익숙하기 때문이다.

자기 자신을 위해서라도 우리는 맨즈 시스템의 허물을 벗어야 한다. 맨즈 시스템을 안고 사는 삶은 명백히 현실적인 부작용을 야기하게 된다. 이를 외면하는 건 결국 지금 당장의 피곤함을 면하기 위해 평생 만성적인 고통을 안고 사는 행동이다. 우리의 깨달음은 현실로 실현될 수 있을 만큼 강렬하고, 당신 외에도 수많은 사람들이 이 흐름에 동참하고 있다. 지금이 바로 움직일 때다.

• 본래 우리의 소유였던 힘을 되찾아야 한다

맨즈 시스템은 권력 관계의 파생물이다. 우리는 세계의 변두리에서 다시 중심부로 돌아와야 한다. 결국 사회를 바꾸는 건 명분이나 선악에 대한 논쟁보다는 현실에서의 움직임이다.

권력의 파이를 쟁취하는 과정에서 타협과 설득은 큰 의미가 없다. 노예가 주인에게 '이만큼의 권력을 달라. 스스로 권력을 포기하고 나를 당신과 동등하게 대해 달라'고 말하는 것이 아무런 의미가 없는 것처럼, 동등한 권리를 달라고 **요청**하는 것은 어떤 소득도 이끌어낼 수 없다. 어차피 규칙은 승자를 중심으로 재편된다. 중요한 것은 힘이다.

많은 사람들은 페미니즘을 추구하는 과정에서 정의로운 명분을 앞세우고자 한다. 그러나 사회를 바꾸는 과정 자체에서 명분은 중요하지 않다. 학술적인 토론은 분명 우리의 길과 방향을 설정하는 유용한 도구다. 그러나 이는 우리 안에서 행해지는 것으로 충분하며, 권력을 되찾기 위한 움직임에서는 명분이 필요하지 않다. 우리의 움직임은 지금까지의 모든 변화처럼 다만 하나의 역사일 뿐이다.

중요한 것은 피부로 직접 느낄 수 있는 실질적인 변화다. 본질적인 구조적 변화는 사람들이 그들의 행동을 통해 실제로 사회가 변하고 있다는 걸 느낄 수 있을 때 비로소 가능해진다. 대중은 이념에는 크게 관심이 없고, 결국 흐름은 힘에 의해 바뀐다. 그리고 승자가 길을 트면 학문과 이론은 그의 뒤를 따라와 그가 걸어온 길을 분석하고 해석한다.

그렇다면 우리가 명분도 없이 이 길을 걸어야 하는 이유는 무엇인가. 우리는 스스로를 위해 욕망하는 법을 교육받지 못했으며 때문에 본래 가져야 했을 것들을 양보하는 데에 익숙하다. 그러나 그런 교육 속에서도 우리는 의문을 품게 된다. 만들어진 세계의 작은 틈새로도 진실은 새어나오고, 우리는 무언가를 갖지 못했다는 걸 무의식적으로라도 느낀다.

우리는 욕망하지 않기를 교육받아왔지만 그 속에서도 욕망은 자란다. 우리는 옳기 때문이 아니라 다만 원하기 때문에, 그리고 자신에게 득이 되기 때문에 이 길을 걸어야 한다. 원하는 것을 추구하는 건 소진되지 않을 수 있는 동력이다. 우리는 원래 우리의 소유였던 것을 되찾아야 한다.

그렇다면 어떻게 행동해야 할까. 여기에서 이야기할 모든 방법론들은 결국 앞서 이야기한 바와 같이 **맨즈 시스템과의 싸움은 권력을 위한 싸움**이라는 생각을 기조로 한다. 따라서 이 모든 방침들의 근본적인 원리이자 목표는 여성 전반의 권력 획득이다.

개인적인 단위에서 우리는 가장 먼저 스스로에게 권위를 부여해야 한다. 스스로의 사고로부터 남성을 기준으로 생각하는 습관을 제거하고, 오직 자신만을 가장 우선에 두고 사는 법을 알아야 한다. 태생적으로 대부분의 남성들은 다른 무엇보다도 오직 자신만을 고려하는 것에 익숙하다. 이타적으로 보이는 남성 또한 중요한 순간에는 대부분의 여성과 비교했을 때 냉정하게 느껴질 정도로 자신만을 고려한다.

우리는 오직 자신만을 기준 삼아 세계를 해석해야 한다. 이를 위해서는 맨즈 시스템과 남성에게 덧붙여졌던 권위가 사실 별 게 아니었음을 깨닫는 것이 선행되어야 한다. 두려움을 마주하는 것은 가장 빠른 지름길이다. 그리고 두려움을 타파할 수 있는 최고의 무기는 기존의 권위, 강자로 포장되었던 대상의 실체를 비웃고 경멸하는 것이다. 그 허상의 권력을 웃어넘기면서 우리는 이 모든 게 오직 우리의 두려움에 의해 만들어진 가짜였다는 걸 알게 된다. 권력 관계는 사회적인 권력이 어디에 집중되어 있는가를 의미할 뿐 그들이 실제로 강하다는 걸 의미하는 게 아니다.

니체의 말 중 가장 유명한 것은 '*신은 죽었다*'는 선언일 것이다. 우리에게 맨즈 시스템은 니체의 시대에 기독교가 가졌던 위상과도 같은 무게를 갖는다. 우리는 당연한 것으로 받아들여 왔던 맨즈 시스템의 정신을 살해해야 한다. 신을 살해한 자는 적의를 표하는 것이 아니라 다만 그를 비웃음으로써 신을 완벽하게 죽였다. 그렇게 그는 육체를 넘어 신의 정신까지도 함께 살해한 것이다.

15년 즈음부터 시작된 새로운 페미니즘의 물결은 남성, 그리고 남성의 권력이 가진 허구성을 비웃는 데에 초점이 맞추어져 있었다. 그리고 그만큼 기존의 권력에 위협을 끼쳤던 무기도 없었다. 개인적인 영역에서도 이는 동일하게 적용된다. 무언가를 두려워하는 것은 그에게 권력을 주는 것이며, 그 권력의 허구성을 비웃는 것은 우리에게 세계를 우리의 뜻대로 정의할 수 있는 힘을 되돌려준다.

이처럼 정의할 권리와 자기 자신만을 우선적으로 생각할 힘을 되찾으면서 우리는 빼앗겼던 자기 확신을 회복한다. 이는 남성들이 편안하게 손 안에 쥐고 있는 것과는 전혀 다르다. 그들은 다만 지금의 사회가 그들의 이익에 이바지하는 구조이기 때문에 자신을 기준으로 두고 사는 법을 손쉽게 배웠을 뿐이다. 대신 그들은 기존의 사회 규범을 깨고 스스로를 성장시키지 못한다. 남성의 정체성 중추에는 현 사회의 이데올로기가 반영되며 이데올로기를 파괴하는 것은 결국 그 자신을 파괴하는 것과 다름없기 때문이다. 결국 남성의 자기 확신은 자신을 모든 것의 우선순위로 삼는 궁극적인 목표에 이르지 못하고, 타인보다 자신을 고려하면서 이기적으로 행동하는 정도에 그치는 것이 대부분이다.

이런 자기 확신을 바탕으로 우리는 사회적 수준에서 우리가 끼치는 영향력을 고려해야 한다. 여성 개인이 이데올로기에 순응하기를 거부하는 것만으로도 맨즈 시스템에는 작은 균열이 생겨난다. 어떤 것이 스스로 진정 원하는 것인지를 되짚어 보고, 또한 어떤 삶의 방식이 가부장제의 붕괴에 가장 큰 영향을 미칠 수 있을 지 생각해 보아야 한다. 가부장제에서 우리에게 요구해 온 역할과 기대에서 벗어나면 벗어날수록 균열은 커진다. 우리 자신의 삶은 그 자체로서 하나의 전위적인 저항의 표현으로 시스템에 균열을 일으킬 수 있다.

집단으로서는 이런 방식을 제시할 수 있다. 우리는 우리의 기준을 바탕으로 이 사회를 재편해야 한다. 그리고 그 과정에서 가장 중요한 것은 숫자다. 사회를 재편하는 과정에서 이상을 공유하는 사람들의 수는 큰 파급력을 지닌다. 그리고 그 점에서 우리는 다른 운동보다 훨씬 큰 이점을 지닌다. 자신에 대한 차별에 찬성하는 사람은 드물다. 우리는 인구의 절반을 우리의 잠재적인 우군으로 두고 있다.

결과론적으로 접근하면서 이를 위한 행동들을 하나하나 단계별로 실천할수록 이 사회의 모습은 점점 우리의 이상에 가까워진다. 그 과정에서 우리는 모든 것을 이용할 수 있다. 그러나 자기 자신 앞에 사회적 성공이나 권력 등의 다른 가치를 두어서는 안 된다. 모든 행동의 원인은 오로지 자기 자신이어야만 하며 권위 또한 오직 자신에게 두어야 한다. 여기서 중요한 것은 본인이 원하는 것이 결국 실제로 본인에게 득이 되는지를 꼼꼼히 따져보는 작업이다.

예를 들어 맨즈 시스템에 일부라도 종속되어 있는 상태에서는 본질적인 변화는 불가능하다. 앞서 언급했던 것처럼, 맨즈 시스템에서 요구하는 여성성의 규칙을 준수하면서 사회에 우리의 권리를 요청하고 설득하는 방식으로는 기껏해야 선심을 쓰듯 던져주는 작은 권력만을 나누어 받게 될 뿐이다. 그렇게 이제 우리 사회가 충분히 평등하게 바뀌었다는 착각에 빠질지도 모른다. 그러나 궤도를 벗어나지 않는 방식의 운동에서는 점점 나눠받는 양이 줄어들고 종국에는 고착 상태에 빠지게 된다. 배분의 주체가 바뀌지 않으면 권력 관계가 본질적으로 변하는 건 불가능하다.

우리는 한 방향으로 뭉쳐 여성 모두의 이득을 추구해야 한다. 예를 들어 남성의 성취보다 여성의 성취에 대해 더 많은 찬사와 지지를 보이면서 우리는 기울어진 운동장을 우리의 손으로 일부 복원할 수 있다. 중요한 것은 궁극적인 목적지를 기억하고 지금의 선택과 행동이 실제로 그 목적에 봉사하는가를 살피는 일이다.

이 책에서 모든 갈등과 고민에 대한 해결책을 제공할 수는 없다. 따라서 만일 어떤 행동을 택해야 하는지 혼란스러운 상황에 처한다면 **빼앗겼던 권력의 수복**이라는 궁극적인 목표를 기준삼아 상황에 맞추어 선택을 내리면 된다. 맨즈 시스템을 거부하고 온전한 자신만의 삶을 살기 위해서는 당연해 보이는 것들을 의심하고 이에 의문을 제기하면서 스스로의 사유로 답을 내릴 수 있어야 한다. 지금의 이 선택은 과연 실질적으로 여성에게 이익을 주는 선택인가? 맨즈 시스템 내에서 살아온 우리의 사고는 기본적으로 왜곡된 상태이며, 기존의 사고관은 항상 의심의 대상임을 잊지 않아야 한다.

• 부록: 차라투스트라는 이렇게 말했다

여성 혐오라는 용어는 그 뜻을 모르는 사람들에게 많은 오해를 일으켜 왔다. 종종 단어에 대한 기본적인 지식이 없는 사람들은 때로 활자 그대로 이 단어를 여성 전반에 대한 개인적이고 감정적인 혐오로 이해하곤 한다. 이런 무지는 때로 '여자 친구가 있기 때문에 나는 여성 혐오자가 아니다'라는 항변으로 이어진다.

그러나 니체는 활자 그대로 여성에 대한 혐오를 갖고 있던 인물로 알려져 있다. 사상 속에서 드러나는 여성혐오는 반드시 짚고 넘어가야 할 문제다. 그러나 그와는 별개로 니체의 저서 〈차라투스트라는 이렇게 말했다〉는 우리에게 흥미로운 통찰을 제공한다.

차라투스트라는 기존의 규범을 거부하고 새로운 가치를 창조해 가는 인물의 원형을 보여주며, 여기서 우리는 맨즈 시스템을 벗어던지고 오직 자기 자신으로서 살기를 결정한 인간의 모습을 읽어낼 수 있다. 아마 니체 자신은 가부장제를 벗어던진 여성들이 읽을 것을 의도하고 서술한 것은 아니었겠지만 말이다. 틀을 깨고 나올 것을 주장한 니체도 남성 중심적인 세계의 시야로부터는 마찬가지로 자유롭지 못했다.

아래는 차라투스트라의 원문 중 일부(1부 17)를 번역해 옮긴 것이다. 첫 버전에서는 주석을 달았었지만 감상을 해칠까 염려되어 전문을 그대로 싣는다. 여기까지 따라온 독자들이라면 주석 없이도 이를 맨즈 시스템의 허물로부터 탈피하고 새로운 세계를 만드는 인류 Womkind의 시각으로 읽어낼 수 있을 것이다.

 형제여, 고독 속으로 들어서겠는가? 너는 너 자신에게 이르는 길을 찾으려 하는가? 잠시 멈추고 내 말을 들어보라.

 "찾는 자는 스스로 길을 잃기 십상이다. 모든 홀로됨은 죄罪다." 무리는 이렇게 말한다. 그리고 너 또한 무리 속에 오랫동안 속해 있었다.

 그들의 목소리는 여전히 네 안에서 울리고 있으리라. 그러니 네가 "나는 더 이상 너희와 같은 양심(conscience)을 갖고 있지 않다"고 말할 때, 이는 탄식이자 고통이 될 것이다.

 보라, 같은 양심이 낳은 고통 그 자체를. 그리고 그 양심의 마지막 잔광은 아직도 너의 비애 위에서 빛나고 있다.

 그럼에도 너는 너에게로 이르는, 비애로 가득한 길을 걸으려 하는가? 그렇다면 그것에 대한 너의 권리와 힘을 내게 보여라!

 너는 새로운 힘이자 새로운 권리인가? 최초의 움직임인가? 스스로 돌아가는 수레바퀴인가? 별들마저 강요해 네 주위를 회전하도록 할 수 있는가?

 …

 너는 자신이 자유롭다고 말하는가? 내가 듣고자 하는 것은 짊어지던 멍에로부터 벗어났다는 말이 아닌 너의 지배적인 사상이다.

너는 멍에로부터 벗어날 자격이 있는 자인가? 많은 이들은 종살이로부터 벗어날 때 자신의 최후의 가치까지도 함께 내던져 버렸다.

무엇으로부터의 자유인가? 그것은 차라투스트라의 관심사가 아니다! 그러나 네 눈은 내가 분명하게 보여주어야 한다. 무엇을 위한 자유인가?

너는 스스로에게 너의 악과 너의 선을 부여하고, 네 위로 너의 의지를 율법처럼 걸어둘 수 있는가? 너는 너 자신을 위한 판관, 네 율법의 수호자가 될 수 있는가?

자신의 율법의 심판자, 수호자와 함께 홀로 있다는 것은 무서운 일이다. 그렇게 별은 외진 공간에, 그리고 고독의 차가운 숨결 속에 떨어진다.

오늘도 너는 여전히 다수로부터 고통 받고 있다, 너 홀로된 자여. 그럼에도 너는 여전히 너의 용기와 희망을 간직하고 있구나.

그러나 언젠가 고독은 너를 닳게 만들 것이다. 언젠가 너의 긍지는 자리를 내주고, 너의 용기는 삐걱거릴지 모른다. 어느 날 너는 "나는 혼자다!"라고 부르짖게 될 것이다.

언젠가 너는 너의 숭고함을 더 이상 보지 못하고 오직 너의 비천함만을 너무 가까이에서 보게 될 것이다. 너의 고매함 자체가 유령처럼 너를 겁줄 것이다. 어느 날 너는 "모든 것은 거짓이다!"라고 부르짖을 것이다.

홀로된 자를 살해하려는 감정들이 있다. 살해에 성공하지 못한다면 감정들 자신이 죽어야만 한다! 그러나 너는 살해자가 될 수 있는가?

형제여, 너는 "경멸"이라는 말을 혹 아는가? 그리고 너를 경멸하는 자에게조차 공정하고자 하는 너의 정의로움이 주는 괴로움을?

너는 다수가 너에 대해 다르게 생각하도록 강요한다. 그래서 그들은 너를 강하게 비난한다. 너는 저들에게 가까이 다가갔지만 그저 스쳐 지나갔다. 그로써 그들은 결코 너를 용서하지 않게 되었다.

너는 그들을 지나쳐 간다. 그러나 네가 높이 올라갈수록 너를 시샘하는 자들의 눈은 멀어진다. 하지만 가장 증오 받는 자는 비상하는 자다.

"너희는 어떻게 내게 정의롭고자 하는가!" 너는 말해야 한다. "나는 너희의 불의를 내 할당된 몫으로 택한다."

그들은 홀로된 자에게 불의와 오물을 던진다. 형제여, 그러나 만일 네가 별이 되고자 한다면 너는 그에 상관없이 그들에게도 빛을 비춰야 한다.

그리고 선하고 의로운 자들을 경계하라! 그들은 스스로의 가치를 만드는 자를 십자가에 매달려 한다. 저들은 홀로된 자를 증오한다.

또한 신성한 단순함을 조심해라! 그들에게 단순하지 않은 모든 것은 불경한 것이다. 그들은 불장난을 즐긴다. 화형의 장작더미를 가지고.

네 사랑의 발작 또한 경계하라! 고독한 자는 만나는 사람 모두에게

섣불리 손을 내밀고 만다.

네가 손을 주면 안 될 사람은 너무 많다. 손 대신 앞발만을 내밀어라. 그리고 그 앞발에는 발톱이 함께 달려있기를.

그러나 네가 만날 수 있는 최악의 적은 항상 너 자신이 될 것이다. 너는 동굴과 숲 속에 숨어 너 자신을 지켜보고 있다.

너 고독한 자여, 너는 자신으로 이르는 길을 가는구나! 그리고 너는 지나쳐 가리라. 너 자신과 너의 일곱 악마들을!

너는 너 스스로에게 이단자가 되리라. 그리고 마녀, 예언자, 바보, 의심하는 자, 불경자와 악한이 되리라.

너는 스스로의 불길에 너 자신을 태울 준비가 되어 있어야 한다. 먼저 너 자신이 재가 되지 않고서 어떻게 새로워지길 원하겠는가!

너 외로운 자여, 너는 창조하는 자의 길을 가는구나. 너는 너의 일곱 악마로부터 너 자신을 위해 신을 만들어낼 것이다!

너 고독한 자여, 너는 사랑하는 자의 길을 가고 있다. 너는 너 자신을 사랑하고, 그렇게 때문에 너를 경멸한다. 사랑하는 자들만이 할 수 있는 경멸을.

사랑하는 자는 창조하기를 갈망한다. 그는 경멸하므로! 사랑했던 것을 경멸해야만 했던 적 없는 사람이 사랑에 대해 무엇을 알겠는가!

형제여, 너의 사랑 그리고 창조와 함께 고독 속으로 들어가라. 그러면 정의는 뒤늦게 절뚝이며 네 뒤를 따라올 것이다.

형제여, 나의 눈물과 함께 너의 고독 속으로 들어가라. 나는 그 자신을 넘어 창조하고자 하는 자, 그러므로 파멸하고야 마는 자를 사랑한다.

차라투스트라는 이렇게 말했다.

맨즈 시스템 속의
우리

맨즈 시스템 속의 우리

• **들어가며**

  앞선 1부에서는 권력관계에 중점을 두고 맨즈 시스템에 대한 개략적인 설명을 시도했다. 이에 관해서는 책 한 권을 모두 할애해도 지면이 부족하기 때문에 이해를 도울 수 있을 정도로만 간략히 이야기해보았다. 만약 설명이 더 필요하다는 생각이 든다면 책 뒤편의 추천도서 목록을 참고하기를 권한다. 학술적인 접근 방식을 통해 보다 체계적으로 맨즈 시스템을 분석할 수 있을 것이다.

  이번 파트에서는 1부에서 형성한 사고 틀을 바탕으로 현실을 구체적으로 해석해 보려 한다. 2부에서는 각각의 주제에 대해 대략 세 가지 정도의 방식으로 서술해 보고자 했다. 지금의 상태로 이어지도록 만든 원인을 구조적으로 분석하고, 그 후 이러한 사고 틀이 현실에서 어떤 식으로 발현되는지를 현상적으로 살펴보면서 마지막으로는 이 분석이 우리에게 갖는 실질적인 의미를 이야기하고자 했다.

서론에서도 말했듯, 2부를 쓰면서도 가장 중요하게 여겼던 것은 힘을 주고 실제로 이 현실 속에서 행동하며 변화의 주체가 될 수 있도록 유도하는 것이었다. 때로 설명을 위해 사상을 빌려왔으나, 사상과 지금 우리가 살아가고 있는 현실이 분리되지 않고 서로 잘 융화될 수 있도록 노력했다. 결국 모든 것은 변화할 수 있고 우리에게는 변화를 이끌어 갈 힘이 있다는 것을 염두에 두어야 한다.

• 종교와 국가에 대해

모든 형식은 인간의 불안에서 비롯된다

여기서의 사회 형식은 사회를 운영하기 위해 인공적으로 만들어 낸 구획을 의미한다. 이런 형식들은 국가, 종교, 체제, 각종 기관 등을 포괄하는 것이다.

형식은 인간의 공포로부터 생겨난다. 인간은 미지의 세계를 살아가는 느낌을 견뎌내지 못해 세계를 파악할 수 있는 틀 안에 가두고자 노력했다.

"두려움은 언제나 무지에서 온다."

정체를 알 수 없는 대상은 공포를 불러일으킨다. 행동 패턴이나 사고를 짐작할 수 있는 사람은 쉽게 다룰 수 있지만, 예측할 수 없는 사람은 다루기가 매우 까다롭고 때론 그들의 행동에 두려움을 느끼기도 한다. 그들의 행동을 예측할 수 없다는 것은 곧 우리가 취할 수 있는 선택지를 그려볼 수 없다는 이야기이기 때문이다.

세계는 사람보다도 더 변화무쌍하다. 아무리 예측할 수 없는 사람일지라도, 최소한 그가 '사람'이라는 분류에 속한다는 것은 파악할 수 있으며 때문에 그가 날거나 혹은 갑자기 사라지는 일은 없을 거라는 최소한의 짐작을 할 수 있다. 그러나 세계 자체는 분류할 수 없는, 꿈틀거리며 끊임없이 변화하는 에너지 그 자체다.

인간은 세계의 불확정성을 견디지 못한다. 자기 자신의 경우는 차라리 낫다. 이 또한 통제하기 어려운 것은 분명하지만, 최소한 본인의 생각이나 몸은 스스로의 의도에 즉각 반응한다. 그러나 외부 세계는 의도에 즉각 반응하지 않으며 우리의 손이 닿는 영역 밖에 있다.

모든 인간은 자신이 할 수 있는 것이 있다는 감각을 바탕으로 살아간다. 그래서 학문을 통해 사람들은 밝혀지지 않은 세계의 어두운 곳에 하나씩 불을 밝혀 왔고, 형식을 도입해 세계에 새로운 자전축을 부여했다.

이로써 세계는 보다 통제할 수 있는 영역 안으로 들어온다. 사람들은 국가나 종교 등을 도입해 세계가 움직이는 규칙을 그들의 손으로 만들어낸다. 일정하고 예측 가능한 방식으로 움직이도록 세계를 고정시키는 것이다. 이는 불확정성에 일련의 규칙을 도입해 이를 확정성의 영역으로 끌어들이는 행위다. 맹수를 우리 안에 넣고 길들이는 것처럼 말이다.

이렇게 만들어진 형식들 중에서도 종교와 국가는 구별되는 특성을 지닌다. 종교, 그리고 국가는 공공기관이나 자본주의를 비롯한 다른 형식들과는 다르게 우상으로서의 성격이 강하게 나타난다. 종교와 국가는 대개 숭고한 정신과 이념을 바탕으로 한 아름다운 이야기를 갖고 있다. 종교에는 경전이 있고, 국가에는 건국 신화나 혹은 나라를 지키기 위해 스스로를 던진 숭고한 애국자들의 일화가 있다.

종교는 특히 다른 형식들보다도 숭고한 성격을 갖는다는 점에서 주목할 만하다. 종교는 그 수용자들에게 완전성의 감각을 부여한다. 종교는 궁극적인 선과 진리 – 신에게로 나아가고 있다는 느낌을 본질적인 강점으로 가진다. 그래서 종교는 그 자신으로부터 인공적인 뉘앙스를 배제하는 데에 많은 노력을 기울인다. 그렇게 종교는 세계를 오로지 그들의 관점으로 해석하도록 만든다. 종교의 신봉자들은 종교의 규칙들을 스스로의 가치체계로 삼게 된다.

"종교는 인민의 아편이다"

이 말은 종교의 '숭고한 정신'이 사람들을 구조적 문제로부터 눈을 돌리고, 현실에서의 실천과 변화에서 멀어지도록 한다는 것을 보여준다. 종교가 주는 정서적 위안은 사람들이 구조와 체계의 모순을 보지 못하도록 해 일종의 마취제처럼 현실의 고통을 잊게 만든다.

국가는 다른 형식들에 비해 소속감을 더욱 자극한다. 사람들은 창조된 국가를 그들의 뿌리로 삼는다. 자전하는 세계 속에서 그들이 어딘가에 단단히 고정되어 있다는 감각을 갖고, 소속되었다는 데에서 따라오는 안정감을 느낄 수 있도록 말이다. 그러나 이런 소속과 안정은 동시에 스스로에게 한계를 긋는 행위이기도 하다.

소속을 갖는 것은 그 득실이 뚜렷하다. 집단의 구성원이 됨으로써 사람들은 집단의 자원들을 통해 보호를 받을 수 있다. 집단의 힘을 통해 사람들은 홀로 살아가는 것보다 더 단단하게 보호받게 된다. 반면 그들은 그 대가로 일정한 자유를 포기해야 한다. 타인과 공존하기 위해서 지켜야 하는 규칙들이 있고, 공동체 속에 속함으로써 그들의 자유는 제한된다. 또한 국민들은 노동력과 세금의 일부를 국가에 납부할 의무를 갖는다.

그러나 이런 제약 중에서도 가장 문제가 되는 것은 스스로의 생각과 행동을 제한하게 되는 것이다. 국가를 가짐으로써 우리의 행동의 범위는 제한한다. 공동체로서 집단 안에 소속됨으로써, 우리는 때로 국가의 존속을 위해 스스로를 희생하기도 한다. 공동체에 대한 비난을 자신에 대한 비난으로 여겨 격분하기도 한다. 그러나 과연 종교와 국가가 우리의 것이었는가를 생각하면, 이에 소속감을 갖는 것 자체를 다시 고려해 볼 필요가 있다.

우리에게 종교와 국가가 갖는 의미

종교와 국가는 다른 이데올로기와 마찬가지로 만들어졌던 당시의 가치체계를 충실히 반영한다. 이는 절대적인 가치가 아니며, 오직 인간의 손에 의해 만들어진 일시적인 형식에 불과하다. 그리고 물론 그 안에서는 남성 우월적인 세계관의 흔적을 쉽게 찾을 수 있다.

종교와 국가는 맨즈 시스템의 구획을 나누는 도구다. 이를 통해 우리는 맨즈 시스템 속으로 편입되어 그 속에서 자리를 차지하게 된다. 종교는 맨즈 시스템의 충실한 봉사자로서 여성의 정신과 육체에 손상을 입히고 제약을 가한다. 국가는 허구적인 보호의 감각을 주어 여성이 그들의 시스템 속으로 편입되도록 유도한다.

그러나 그들이 약속한 대가는 여성에게는 적용되지 않는다. 종교는 신봉자들에게 절대적인 사랑과 정서적인 안정감을 제공한다고 말하며, 국가는 국민에게 신변과 권익을 보호할 것을 약속한다. 그러나 이는 모두 오직 남성만을 기준으로 고려한 것이고 때문에 그 대가 또한 남성에게 맞춰져 있다.

종교

종교에서의 여성 배제는 유명하다. 현재 강력한 파급력을 가진 종교 모두에서 여성은 사제가 될 수 없다. 여기서는 종교 중에서도 천주교와 기독교를 위주로 이야기해보고자 한다. 천주교에서 여성 수

도사는 아무리 오랜 기간을 봉사해도 결국 새로 임명된 젊은 신부의 명령을 들어야 한다. 교회법상 수녀는 평생을 봉사하더라도 결국 평신도에서 그치게 되기 때문이다. 정식 성사를 치를 때 여성 신도는 머리카락을 가려야만 한다.

기독교의 중추를 담당하는 성경은 여성을 오직 남성의 부속물로 인식한다. 여자는 남자의 갈빗대로 만들어졌으며 오직 아담의 짝으로서만 의미를 가질 수 있다. 또한 성경에서 등장하는 여성들은 모두 고환이 자궁으로 치환됨으로써 – 즉, 일반적인 인간(남성)의 모습 위에 이른바 여성적인 특성들이 덧씌워지면서 일반 인간과 달라지는 것처럼 묘사된다. 성경 속에서 여성 캐릭터가 묘사되고 해석되는 내용을 보면 기독교에서 여성이 어느 정도의 위치를 차지하고 있는지를 알 수 있다.

신약성경에 등장하는 헤로디아의 딸, 살로메(성경에서는 이름이 밝혀져 있지 않았다)는 세례자 요한을 죽음에 이르게 한 것으로 유명하다. 그는 새아버지인 헤롯왕의 생일 연회에서 춤으로 왕을 '매료'시킨다. 왕은 살로메에게 소원 하나를 들어줄 것을 약속하고, 살로메는 요한의 머리를 요구한다. 신약성경에서 살로메가 요한의 머리를 요구한 건 본래 어머니 헤로디아의 요구에 의한 것이었다. 그러나 오스카 와일드의 유명한 극본을 거쳐 살로메는 가질 수 없는 사랑에 대한 열망으로 스스로와 세례자 요한을 불태운 인물이 되었다.

이제 살로메는 욕망 그 자체로서 여겨진다. 수많은 예술작품들이 그를 묘사해 왔고, 그때마다 그려진 살로메의 이미지는 대개 당시의 미적 기준에 일치하는 위험한 팜므파탈의 이미지였다. 그리고 팜므파탈은 본인의 매력과 갖고 있는 권력의 일부를 맞바꿀, 매료할 대상을 필요로 한다. **살로메의 욕망은 남성 없이 존재할 수 없다.**

성경에서 묘사하는 여성들은 매우 정형화되어 있다. 살로메의 경우처럼 성적 매력으로 가득해 남자(인간)를 악으로 끌고 갈 뱀의 이미지로 묘사되는 경우가 그 중 하나다. 뱀과 이브로 인해 사과를 먹은 아담의 경우처럼, 선택을 내린 건 남자이지만 죄는 이브에게 가중된다. 여성은 성적인 매력을 갖고 있지만 감히 천박하게 이를 사용할 엄두를 내서는 안 되기 때문이다. '저 여자가 먼저 나를 유혹했다. 나는 죄가 없다' - 어쩌면 최초의 남성 또한 현대의 남성들과 그리 다르지 않을지도 모르겠다.

창녀에서 개심해 예수의 신실한 신도가 된 막달라 마리아 역시 살로메의 경우처럼 성적인 묘사들로 가득한 각종 소설과 그림들을 동반한다. 때로 여성은 예수를 낳은 마리아처럼 '정결한 어머니'로 등장한다. 그 외의 방식으로 살아가는 여자는 그려지지 않는다. 남성적 상상력의 틀 안에 속할 때에만 우리는 성경 속에 존재할 수 있도록 허가를 받을 수 있다. 맨즈 시스템에서 요구하는 방식으로 행동해야만 우리는 구성원으로서 인정받게 된다.

페미니즘을 통해 기독교를 재해석하려 해도 그 길은 매우 고되다. 천주교와 기독교가 만들어졌을 때 그 자전축은 남성이었으며, 이 사고관은 혈관을 타고 종교의 전신에 퍼져 가장 사소한 곳들에까지 영향을 끼치고 있다. 때문에 현상 하나하나를 수정하는 것으로는 결코 종교 속의 여성 혐오를 종식시킬 수 없다.

종교는 신자들이 죄책감과 의무감을 느끼도록 한다. 기독교는 모든 인간이 원죄를 갖고 있다고 말한다. 그 외에도 불교 또한 업을 벗고 속죄할 것을 강조한다. 심지어 토속적인 색이 강한 무속 신앙에서도 죄를 짓지 않을 것을 이야기한다. 그러나 죄를 짓는 것에 대한 불안, 그리고 선업을 하고자 하는 욕구 또한 성별에 따라 편향적으로 나타난다.

여성이 종교를 가진다는 것은 결국 이런 의미다:

1) 종교는 여성을 온전한 인간으로 보지 않는다.

2) 순종하는 여성 등 허용된 틀 안에서 머무를 때에 한해 간신히 두 번째 위치를 내어줄 뿐이다.

3) 그러나 절대 이의를 제기해서는 안 된다. 종교 내에서의 구조적 모순에 이의를 제기하는 것은 종교의 본질을 외면하는 것이기 때문이다. *"여태껏 우리 모두는 지금의 방식으로 잘 해왔고, 결국 종교에서 중요한 건 그런 사소한 것이 아니라 신에 대한 믿*

음 아니겠는가?"

4) 종교에서 요구하는 높은 도덕성은 여성에게 훨씬 강한 영향력을 끼친다.

5) 결국 우리를 온전한 인간으로 보지 않는 종교에 봉사하면서 – 우리는 세상을 있는 그대로의 모습으로 보지 못하게 된다.

국가

사람들은 국가를 뿌리이자 정체성으로 여기며 살아간다. 어렸을 때부터 우리는 타국과의 다툼 속에서 우리나라가 어떻게 살아남아 왔는지, 우리의 나라가 다른 국가들에 비해 어떤 점에서 더 우월한지 등을 교육받았다.

그 과정에서 적국들은 그들의 일상적인 모습들이나 전쟁에 나섰던 이유와 같은 인간적이고 개별적인 측면들은 모두 탈색된 채 집단으로서 그려진다. 대개 그들의 행동은 절대악의 표상처럼 묘사되며, 적국의 사람들이 돼지나 염소 머리를 하고 있다는 등의 이야기는 불과 몇 십 년 전만 해도 대중에게서 쉽게 찾아볼 수 있는 생각이었다. 한국의 경우 침략 전쟁을 일으키지 않았고 오직 타국의 침입에 맞서 싸우기만 해 왔다는 이미지를 고수하면서 청렴하고 결백한 이미지를 강조하곤 한다.

그러나 국가 간의 싸움은 결국 권력을 갖기 위한 다툼이며 국가는 우리와 분리될 수 없는 뿌리가 아니다. 국가는 다만 국민을 효과적으로 지배하고 지배 권력을 유지하기 위해 만들어진 인공물일 뿐이다. 명분을 갖고 시작된 것처럼 보이는 모든 전쟁들은 결국 실리를 둘러싼 경쟁이다. 그리고 명분이라는 도덕적 메시지는 일반 대중에게 전쟁의 정당성을 설득하고 참여를 촉구하는 도구로 사용된다.

미국의 경우가 대표적인 예이다. 미국은 중동 등의 여러 지역에서 자국의 군수 산업 자본과 지배 권력의 이익을 위해 전쟁을 일으켜 많은 돈을 벌어들이고 있으며, 한편으로는 도덕적인 명분을 내세우면서 군인 집단에 애국적이고 숭고한 이미지를 덧붙인다.

그들이 보여주는 군인에 대한 예우는 애국에 대한 대가를 국민들에게 보여주면서 국가에 대한 소속감과 애국심을 북돋는 도구다. 특히 상이군인의 부상은 타국의 부도덕성을 보여주는 도구이자 국가를 지키고 싶다는 애국심을 유도하는 상징으로 이용되곤 한다. 결국 개인은 국가를 주도하는 기득권층 간의 이권다툼에서 작은 도구로 사용되고, 그 대가로 개인에게는 애국심이라는 무형의 보상만이 주어진다.

우리는 애국심을 당연한 가치로 여기도록 자랐다. 그동안의 교육과 메시지를 통해 우리는 국가에 대한 자부심을 갖도록 길러졌다. 애국심과 자부심이라는 무형의 가치를 통해 우리는 그 아래에 가려진 진실을 보지 못하게 된다. 애국심은 우리가 당연히 가져야만 하는 소양처럼 여겨진다.

우리는 국가가 중요한 순간에 우리를 지켜 줄 것으로 기대한다. 국가는 법과 행정을 통해 공동체가 원만하게 유지되도록 하며, 이를 통해 공정하게 우리 모두의 권리를 보호해줄 것이라고 기대된 국가가 보다 옳은 방향으로 나아가도록 쏟은 우리 개인의 노력에는 결국 노력이 어떤 결실로 돌아오게 될 것이라는 믿음이 깔려있다.

그러나 국가는 그 국민들 중 반절만을 고려하며 나머지 반절에게는 동등한 자격을 주지 않는다. 이 이야기 속에는 함정이 있다. 이 기준은 모두에게 동등하게 적용되지 않는다. 국가, 그리고 국가의 법에서 공정한 것의 기준을 규정할 때, 이미 그 명제 안에는 그 사회의 주관이 섞여 있다. 때문에 법 또한 차별에서 절대 자유로울 수 없다.

최근 혜화역에서 수만 명의 여성들이 참여했던 시위는 그동안 가벼운 형량만을 받았던 불법 촬영이 고작 가해자의 성별이 바뀌었다는 이유만으로 중대한 범죄로 다뤄지는 것을 본 여성들의 분노에서 비롯되었다. 그 동안 국내의 수많은 사이트들에서는 헤어진 후 남성이 복수 심리 등의 이유로 유포한 성관계 영상이 '국산 영상'이라는 꼬리표를 붙이고 돌아다녔지만, 가해자를 특정하는 것이 그토록 용이한 경우에도 수사 자체가 신속하게 이루어지지 않았으며 체포되었다 해도 그들은 보통 큰 처벌을 받지 않았다.

결국 국가도 우리의 편이 아니다. 국가는 국민의 생명과 신체, 나아가 모든 기본권을 안전하게 보호할 의무가 있다. 그러나 이는 여성에게는 적용되지 않는다. 우리는 국가가 마땅히 제공해야 하는 보호의 의무를 방기하고 있기 때문에 스스로 안전을 강구하는 데에 익숙하다. '국산'이라는 이름을 달고 온라인 상에 돌아다니고 있는 디지털 성범죄 자료들은 사설 업체를 통해 드디어 내려진다. 화장실에 설치된 카메라를 자체적으로 수색하는 시민단체가 생겼다. 인터넷에서는 송곳 등으로 카메라를 부술 수 있다거나, 혹은 스티커 등을 그 위로 붙여 카메라에 찍히는 것을 방지하자는 이야기가 팁처럼 돌아다닌다. 자율 방범대를 만들어 국가가 보장하지 않는 안전을 스스로 챙기고 있는 것이다.

법이 우리의 안전을 보장할 것이라 믿는 건 순진한 기대에 불과하다. 모든 법에는 이 사회의 규범이 숨겨져 있으며 우리는 그들이 중점으로 고려하는 인간상에 속하지 못한다. 임신중절이 적발될 경우 해당 여성과 의사는 처벌받지만, 상대 남성은 처벌받지 않는다. 때로 임신중절 이후 결별한 남성들은 이를 무기처럼 휘두르며 여성을 협박하곤 한다.

한국을 비롯해, 전쟁이 일어나면 여성을 위안부 삼아 남자 군인들의 사기를 도모하는 경우는 수없이 많다. 한국 또한 한국전쟁 당시 '특수위안대'라는 이름으로 국군 위안부를 운영한 바 있으며, 베트남에서 한국군이 자행했던 성폭력과 그렇게 생겨난 새로운 생명들은 유명하다. 그럼에도 우리는 일본군 위안부의 경우만을 알고 있다. 이런 정보 격차는 우리가 특정한 방향을 향해서만 분노하도록 교육받고 주입받았음을 보여준다.

결국 위안부 문제에 대한 접근은 국가 대 국가의 차원보다도 여성 문제로서 다루어져야 한다. 일본 위안부에는 한국뿐만 아니라 필리핀, 중국, 심지어는 일본 여성들까지 속해 있었으며, 남성 군인들을 위해 위안부를 만드는 건 일본의 전유물이 아니다.

전쟁을 통해 우리는 맨즈 시스템의 맨 얼굴을 볼 수 있다. 〈전쟁은 여자의 얼굴을 하지 않았다〉는 그동안 묵과되어 왔던 전쟁 속 여성의 이야기를 드러내어 2015년 노벨문학상을 수상한 책이다. 지원병으로 입대했던 수많은 여성들은 전쟁이 끝난 후 멸시 당한다. 그들이 '여성스럽지' 못하며, 남성 군인들과 함께 전쟁에 투입되면서 무슨 일을 하고 다녔을지 알 수 없기 때문에.

그럼에도 우리는 이 국가에 소속감을 느끼곤 한다. 때론 스스로를 희생하면서 국가에 봉사하기도 한다. 그러나 우리의 노력이 과연 그만큼의 감사라도 받을 수 있는가. 여성 독립 운동가는 남성만큼의 조명을 받지 못한다. 수많은 독립운동가들 중에서도 사회가 용납할 수 있는 이미지를 가진 경우만이 역사 속에 남아있을 자격을 얻었을 뿐이다. 유관순 열사는 대개 '누나'라는 친근한 호칭과 함께 역사 속에 등장하고, 어린 나이에도 불구하고 나라를 위해 숭고하게 희생한 여성의 이미지로서 활용된다. '꽃다운 나이'에 희생된 가련한 여성의 이미지로 활용될 수 있기 때문에 그는 역사책에 이름을 남길 수 있었다. 사회에서 인정할 수 없는 유형의 여성 독립 운동가들은 조용히 사라졌다.

역사책에 남아있는 여성 독립 운동가들 또한 그만큼의 감사를 받고 있지 못하다. 인터넷에 그들의 이름을 검색해 보면, 그들의 업적보다도 자행되었던 성고문의 구체적인 내용을 더 빠르게 찾아낼 수 있다. 그들이 목숨을 바쳐 지키고자 했던 나라는 결국 그들을 성적 대상으로서 소비할 뿐이며 관 속에서도 그들은 쉴 수 없다.

종교와 국가는 우리 또한 이 시스템의 일원으로서 소속되어 있다는 거짓된 환상을 심어주는 도구에 불과하다. 이 체제는 그 중심에서부터 여성을 남성의 열등한 변형체로 여기고 있으며 구석구석에서 그 모습이 발견된다. 그러나 우리 또한 의식하지 않으면 이를 알아채지 못한다. 태어나면서부터 그 속에서 살아왔으므로.

애초에 우리를 동등한 인간으로 보지 않는 구조, 그 안에서 찾을 수 있는 위안은 참여 자격을 가진 사람에게 주어지는 것처럼 온전한 것이 아니다. 종교는 우리에게 현실보다 더 중요한 절대적인 선과 행복이 있다고 이야기하지만, 그 선과 행복 또한 오로지 남성에게 맞추어져 있다. 교회에서, 성당에서 우리는 남성 성직자의 입을 통해 신의 말과 간접적으로 소통하고, 신을 사랑하는 자 또한 결국 남성만큼 신에게 직접 다가설 수는 없다. 결국 종교는 우리가 우리의 것을 갖지 못하도록 눈을 가릴 뿐이다. 국가 또한 우리를 보호하지 않는다. 우리가 국가로부터 최대한 보호받을 수 있는 경우는, 요구받은 위치, 즉 성실하고 올곧고 순종하는 여성으로서의 역할을 충실히 수행하면서 기존의 가부장제에 편입할 때이다. 그러나 그렇게 주어지는 보호 또한 온전하지 않다.

이런 모순을 인지하고 있는 사람들 또한 규범적인 삶으로부터 벗어나기를 두려워하곤 한다. 주어지는 일말의 보상을 위해 스스로를 희생하는 데에서 여성의 자기모순이 비롯된다. 국가와 종교의 시스템 구석구석에는 맨즈 시스템의 메시지, 여성에게 차등적인 위치만을 부여하는 메시지가 혼합되어 있으며 이를 매 순간 접함으로써 차츰 우리는 그 메시지를 내면화하게 된다.

또한 종교와 국가는 우리에게 소속되어 있다는 환상을 부여해 우리가 지금의 자리, 그들로부터 주어진 역할의 영역 안에만 머물도록 설득한다. 이를 버리지 못한 채 살아가는 것은 족쇄를 발에 매달고 걸어가는 것과 같다.

그러나 중요한 것은 모든 이데올로기는 결국 변화한다는 사실이다. 그리고 세계를 자신의 기준으로 새로이 정립하려는 사람들로부터 모든 변화가 시작된다. 이데올로기는 인간의 창조물이기에 인력에 의해 또다시 바뀔 수 있다. 그리고 이제 변화를 이끌어가는 중심적인 힘은 우리 자신이 될 것이다.

우리는 맨즈 시스템의 모든 가치와 구조가 우리의 것이 아니었음을 알고 한 발 떨어진 채 이를 관찰해야 한다. 애초에 우리의 것이 아니었으므로 버리고 나서 애착이나 그리움을 느낄 필요도 이유도 없다. 국가와 종교를 포함한 맨즈 시스템의 모든 형식과 구획들은 다만 우리가 수정하고 바꾸고 버릴 수 있는 – 수많은 선택지와 가능성을 안고 있는 빈 공간에 불과하다.

• 평가받는 삶에 대해

맨즈 시스템의 시각에서 이 사회의 인간들은 남성과 남성이 아닌 인간으로 나뉜다. 남성은 곧 이 세계를 주도하는 자이며, 남성이 주체가 되기 위해서 남성이 아닌 인간들은 자연스럽게 대상의 위치에 서도록 만들어진다.

우리는 이 사회가 움직이고 있는 방식과 그 프로세스를 당연하게 받아들이곤 한다. 그 안에서 사람들이 유형화되는 방식이나 통용되는 관습 등의 아래에는 사회가 그렇게 움직여야만 하는 정당한 이유가 존재할 것으로 암묵적으로 생각한다. 그러나 이 또한 오랫동안 축적되어 만들어진 인공물에 불과하며, 그 속에서 강자와 약자는 분명하게 나뉜다.

남성 집단은 주체로서 그동안 이 세계를 정의해 왔다. 일부 사람들은 이제 여성 혐오가 존재치 않으며, 성 평등은 어느 정도 실현되었다고 이야기한다. 성 평등이 이루어져야 한다는 명제 그 자체에 공공연하게 반기를 드는 사람은 찾기 어렵다. 사람들은 유리천장과 같은 약간의 차별이 아직까지 남아있기는 하지만 개인의 노력을 통해 충분히 극복할 수 있는 선이라고 이야기한다.

그러나 여성 개인들을 찬찬히 살펴보면 곧 그 말이 사실이 아니라는 걸 깨닫게 된다. 여성 개인은 대개 동일한 조건과 지위를 가진 남성에 비해 정서적으로 위축되어 있는 경향이 있으며, 정해진 선을 넘는 것이나 도전하는 것 자체에 보다 거부감을 보이는 편이다. 분노를 속으로 쌓고 쌓아 정신 병리로 이어지는 경우도 훨씬 빈번하다. 이는 이 사회의 구조를 분명하게 보여주는 증거다.

정의당하는 자는 즉 하나의 대상으로서 평가받는 삶을 살게 된다. 바람직한 여성의 기준은 매우 좁고 협소하다. 남성 또한 사회로부터 특정한 행동거지를 요구받지만 이는 여성의 것과 분명 다르게 생각되어야만 한다. 남성들의 것과 달리, 여성에게 강요되는 틀은 약자성을 강조하고 그 자신에게 정서적 모순과 고통을 야기한다.

외부에 평가자를 두는 삶

평가받는 삶을 사는 것은 줄타기를 하는 것과 같다. 작은 바람에도 줄 위의 몸은 거세게 흔들리며 언제든 추락할 수 있다. 그 위를 걷는 사람은 똑바로 나아가기 위해 안간힘을 다하며 애쓴다. 지금은 놀라운 곡예를 보이고 밧줄 위로 다시 안착했더라도 다음번에도 그럴 수 있을지는 아무도 모른다. 평가하는 사람은 단단한 땅을 밟고 있지만, 평가받는 사람에게는 고공 위의 얇은 밧줄만이 허용된다. 그렇게 우리는 스스로의 세계를 그 위태로운 밧줄 위로 제한하도록 길러진다. 그 선 밖으로 발의 방향을 바꾸면 기다리는 건 오직 멸시와 고통이라고 교육받는다.

그래서 우리는 끊임없이 발밑을 점검한다. 내가 방금 지나치게 뛰어오른 건 아닌가? 아직 나는 안전하게 줄 위에 서 있는가? 밧줄의 허용 범위에서 벗어나려는 모습을 보이는 사람들에게는 은근한 비난과 압력이 가해진다.

단단한 땅 위에 서 있는 남성들에게는 기준 자체가 매우 완화되어 있고, 기준에서 벗어나려 할 때 가해지는 사회적인 압력은 무시할 수 있는 수준에 그친다. 같은 행동을 여성과 남성이 했을 때 대개 비난받는 쪽은 여성이다. 매일매일 남성 가해자에 의해 발생하는 범죄가 만일 여성이 가해자일 경우 뉴스 1면에 보도되는 것처럼 말이다. 여성에게는 도덕적 기준이나, 외모에서의 기준, 행동 면에서의 기준 등 모든 기준이 훨씬 엄격하다.

남성에 비해 매우 강도 높은 사회적 압력이 가해지기 때문에 – 여성들은 훨씬 더 조심스러워지고 위축된다. 우리는 스스로 사회가 그어 둔 안전선 안에 있는지를 끊임없이 점검하는 데에 익숙하다. 화장은 어떤 상태인지, 방금 한 말이 상대를 기분 나쁘게 하지는 않았는지, 내가 감히 욕심을 낼 수 있는 범위인지 등등. 이런 자기 검열이 축적되어 가면서 결국에는 주위에 감시자가 있지 않더라도 모든 상황에서 스스로를 계속 검열하는 사고와 행동이 습관으로 굳어진다.

평가받는 삶은 자기 확신을 앗아간다

내재화된 검열은 여성을 조각조각 분해한다. 자기 자신을 미시적인 단위로 조각조각 나누어 평가하면서 우리는 자아의 통일성을 잃고 삶을 지속해갈 에너지를 잃는다. 사회가 요구하는 특정한 방식으로서만 존재할 수 있기 때문에 우리는 스스로를 지속적으로 점검한다. 즉 자기 자신에 대한 끊임없는 평가는 여성이 자기 자신, 즉 본래의 상태 그대로 존재하고 있지 못하다는 것을 보여준다. 끊임없는 평가는 자신에 대한 확신을 잃게 만든다. 그리고 모든 인간에게 있어 자기 확신은 삶을 지탱해갈 수 있는 원동력임을 고려했을 때 이는 심각한 문제를 야기한다.

계속 당신의 행동에 일일이 칭찬을 하거나 혹은 비평을 하는 친구가 있다고 가정해 보자. 치장, 말투, 행동, 심지어는 생각까지 모든 것을 평가받는다면 스스로가 하는 행동에 대해 확신을 갖기 어려워질 것이다. 여성들에게 이 친구는 바로 이 사회 자체이며, 결국 이 평가자는 계속 뒤를 따라다닌다.

스스로가 하는 일이 옳은지를 확신할 수 없을 때 우리는 외부의 승인 없이는 아무것도 선택할 수 없게 된다. '결정 장애'라는 말이 인터넷상에서 한 때 유행했었다. 이는 식사 메뉴를 고르거나, 카페를 고르는 등의 일상적이고 작은 선택들을 빠르게 결정내리지 못하고 계속 고민하는 모습을 이른다. 이는 남성 커뮤니티보다는 여성 커뮤니티에서 더 빈번하게 보이는 단어이기도 하다. 자기 확신의 결핍은 무언가를 결정하거나 실행에 옮기는 것을 어렵게 만든다.

외부에 평가자를 둠으로써 우리는 스스로의 감정을 억누르게 된다. 특히 화를 내는 것은 특히 어려워진다. 사회의 평가에 부합하는지를 지속적으로 점검하면서, 여성은 스스로에게 문제의 원인을 돌리는 데에 점점 익숙해진다. 결과적으로 분노는 스스로에게 향한다. '내가 더 똑똑하게 행동했어야 했는데' 혹은 '이렇게 했더라면 좋았을 텐데'처럼, 우리는 하나의 부정적인 결과를 보았을 때 타인에게 그 탓을 돌리기보다는 대개 스스로의 행동들을 점검하곤 한다. 이는 객관적으로 자기 자신의 상황을 점검하는 것과는 달리 스스로에 대한 감정적인 비난이 대부분을 이룬다. 분노 외에도 수많은 감정들이 평가받는 삶으로 인해 억눌리게 된다.

이러한 사회적 규모의 '가스라이팅gaslighting[6]'은 많은 여성들에게 강력한 영향을 끼친다. 그러나 다행스럽게도, 대부분의 심리적 왜곡과 마찬가지로 이 상태가 자연스러운 것이 아니라 왜곡에 의한 것임

---

6 피해자가 스스로의 인지 능력, 사고, 판단력을 의심하게 만듦으로써 정신적으로 황폐화시키는 것. 가족, 친구, 연인 관계 등 다양한 인간관계에서 발생할 수 있다.
   폴라의 남편 그레고리는 집안의 가스등을 어둡게 만들어놓고선 "집안이 왜 이렇게 어둡지" 묻는 폴라에게 "그렇지 않아. 당신이 잘못 본 거야"라며 그녀의 예민함을 탓한다. 거듭되는 그레고리의 질타에 폴라는 점점 혼란에 빠지고, 그녀의 유산을 노린 그레고리의 수작임을 알 리 없는 폴라는 "정말 내가 이상한 건가. 내가 그렇게 예민한 건가" 스스로를 믿지 못하는 지경에 이른다. [김서령의 길 위의 이야기] 가스등, 한국일보, 2016.10.24

을 알게 되면 일정 수준 극복할 수 있다. 주목해야 할 점은 관계에서의 가스라이팅과는 다르게 이 경우 가스라이팅의 주체가 사회 전체이기 때문에 관계의 단절이 불가능하다는 것이다. 때문에 완전한 회복을 위해서는 스스로의 내면을 살펴보면서 맨즈 시스템의 영향력을 제거하는 작업이 필요하다. 이는 관계를 외부적으로 차단하는 대신 내부적으로 차단하는 작업이다. 그 과정에서 남성을 기준삼지 않고, 우리 자신을 인간의 기준점으로서 여기는 연습은 온전한 스스로로 돌아갈 수 있기 위해 특히 필수적이다. 이는 오직 실천을 통해서만 가능해질 수 있는 영역이며 체화하는 데까지는 꾸준한 적용이 필요하다. 스스로를 끊임없이 평가하는 행동을 멈추기 위해서는 우리 자신이 어떻게 스스로를 평가하고 있는지 그 프로세스에 대해 구체적으로 살펴보는 것이 필수적이다. 때문에 이후 파트들에서 나오는 구체적인 양상들을 염두에 두고 기존의 부정적인 습관들을 제거해야 한다.

다음 파트인 〈우리의 몸에 대해〉에서는 우리가 어떻게 우리 자신을 남성의 시각을 통해 보게 되는지를 다룰 것이다. 이는 평가받는 삶이 어떻게 만들어지고 구체화되는지를 보여주는 예다.

• 우리의 몸에 대해

우리의 몸은 사회적으로 단순한 신체 이상의 의미를 부여받는다. 맨즈 시스템의 시선 속에서 우리의 몸은 남성의 몸을 기준으로 그 차이를 조명 받았다. 여성의 몸은 연약하며 부드럽고 성욕을 불러일으키는 것으로 여겨진다. 그리고 이 사회에서 여성들은 남성의 시선을 체화해, 자기 자신을 비롯한 여성의 몸을 몸 자체가 아니라 다양한 성적 은유의 집합체로 보는 데에 익숙해진다. 또한 정액을 비롯한 남성의 분비물이 다만 신체 분비물로서 때로는 유머의 도구로서 사용되는 것과는 달리, 월경과 질액을 비롯한 여성의 분비물은 불결한 것이나 혹은 매우 성적인 것으로 여겨지며 감추어야 하는 대상으로 여겨진다.

월경이 불경한 것으로 여겨져 온 오랜 역사는 이를 투명하게 보여준다. 아직도 한국에서 생리대 광고에는 빨간색 물감 대신 하늘색 물감이 사용된다. 생리대를 붙이는 시위에 대해 일부 남성들은 '배변을 전시하는 것과 다를 바 없지 않느냐'고 이야기하기도 했다. 생리가 새는 것은 있어서는 안 될 수치스러운 일이다. 생리대는 항상 보이지 않게 파우치 안에 들어가 있다. 이렇게 우리는 자연스러운 신체적 현상을 부끄러운 것으로 여기도록 사회화된다.

많은 여성들은 초경에 대한 좋지 못한 기억을 갖고 있다. 대개 초경이 시작되었을 때 우리가 찾게 되는 것은 어머니이며, 그때 어머니의 반응은 우리 자신의 월경에 대한 첫 번째 충돌의 경험이다.

일부 어머니들은 '내 딸도 이제 여자가 되었다(이 말조차 문제의 소지를 안고 있다)'는 데에서 양가적인 감정을 느낀다. 여성으로서의 삶을 자식에게도 물려주게 되었다는 착잡함이 한쪽에 있다면, 다른 한 쪽에는 이제 대상으로서의 삶, 성적인 무언가로서 살아가게 될 자식에 대한 약간의 혐오와 경멸이 묻어나기도 한다. 이는 맨즈 시스템의 시선, 여성의 몸을 성적인 것으로 인식하는 시선을 내면화한 것이다. 다른 한 편에서는 작위적일 정도로 지나치게 긍정적인 반응을 보임으로써 월경이 사회적으로 부끄럽게 여겨야 할 것임을 역설적으로 드러내곤 한다.

우리의 몸은 더럽고 불경한 것인 동시에 성적인 메시지를 던지는 집약체이기도 하다. 우리의 몸은 주변 남성들에게 성욕을 불러일으키도록 하는 전파 송신기와 같다. 매 순간 우리는 그들에게 특정한 성적 신호를 전달하고 있다. 우리는 우리의 몸이 군침이 돌 만큼 성적인 것임을 아주 어릴 때부터 깨닫는다. 지나가는 남성의 훑어보는 시선, 브래지어를 당기며 장난을 치는 남자 동급생, 다리를 오므려 앉으라는 교사의 조언, 텔레비전과 버스 광고에서 보이는 성애화된 여성들의 몸, 너무 짧은 옷은 입지 말라는 부모의 잔소리까지. 이 세상은 우리의 몸이 군침이 도는 음식이라는 것을 노골적으로 말해준다. 우리는 처녀성을 '주고' 남자에게 '따 먹힌다'. 그렇게 우리는 우리의 몸이 비천하고 성적인 것임을 천천히 자각한다.

성적 폭력을 경험한 여성들 중 상당수는 자해 등의 방식으로 스스로의 신체에 대한 혐오감을 드러낸다. 그중 일부는 이차 성징이 발현되기 전, 신체적 여성성이 표면으로 드러나기 이전의 시기로 돌아가고 싶다고 이야기하기도 한다. 한강의 〈채식주의자〉는 나무 – 움직이지 않으며, 성욕을 유발할 만한 신체 기관이 없는 – 로 변이함으로써 세계의 폭력으로부터 스스로를 분리하고자 하는 인물의 이야기로도 읽힐 수 있다.

이런 여성들은 여성의 신체가 성적인 것임을 오래전부터 주입받아 왔으며, 그들이 습득한 맨즈 시스템의 논리에 따르면 그들의 몸은 차별과 폭력을 불러들인 것이 맞다. 사람들은 피해자에게 '네 잘못이 아니다'라고 이야기하곤 하지만 그것만으로는 피해자들의 자기혐오, 오랫동안 습득되어 온 맨즈 시스템의 메시지가 영향을 끼치는 것을 방지할 수 없다.

맨즈 시스템 속에서 여성의 몸은 성적인 메시지를 온 사방으로 던지는 매개다. 때문에 맨즈 시스템의 논리와 교육을 피해자 자신으로부터 떨쳐내지 않고서는 자신의 몸이 '구미가 당기도록 만드는' 대상이라는 생각에서 벗어날 수 없다. 이는 '네가 당한 것은 폭력일 뿐이다' '네 몸은 여전히 깨끗하다. 너는 오염된 것이 아니다' 등처럼 단순히 개인 수준에서 행해지는 위로를 통해서는 해결할 수 없는 본질적이고 구조적인 문제의 결과다.

피해자들 중 일부는 스스로가 성애화의 대상임을 차라리 모두 받아들이고 흡수하기를 선택한다. 이로써 그 자신이 부서지더라도 신경 쓰지 않는다. 성적 폭력을 경험했던 사람들 중 일부는 폭력의 경험 이후 성적인 접촉에 더 많이 노출되기를 선택한다. 원인은 다양하지만, 대개 그 선택 속에서는 '내가 선택한 것이므로 이는 폭력이 아니다'라는 생각을 통해 스스로의 주체성을 재확립하고자 하거나, 혹은 성 자체의 고결성이라는 신화를 스스로 부수어 폭력 자체의 기억을 희석하고자 하는 심리가 담겨 있다. 그러나 이 방법 또한 근본적인 해결책이 아니다.

이러한 소위 일탈적 행위는 여성의 몸을 '성적인 것'으로 인식하는 맨즈 시스템의 결 위에서 결국 여성의 몸과 정신이 더욱 파편화되는 결과를 낳는다. 스스로의 기준을 재편하지 않고서는 이처럼 과잉된 성적인 접촉은 결국 자신의 몸이 '성욕의 대상'임을 더욱 각인하도록 만들 뿐이다. 스스로의 몸을 성애화하는 맥락 위에서 벗어나지 않는다면 이는 결국 피해의 경험 위로 더 많은 기억들을 쌓아올려 이를 눈에 보이지 않는 곳으로 쑤셔 넣는 임시방편에 불과하다.

여성의 피학적 성애

이 모든 문제는 결국 여성이 스스로의 몸을 성애화된 사물로서 인식하도록 하는 맨즈 시스템의 메시지에서 기인한 것이다. 여성을 대상화하는 맨즈 시스템의 이데올로기는 결국 개인의 성적 영역에도 영향을 끼친다. 피학적 성애에 대한 선호 경향은 여성에게서 보다 자주 관찰되며, 이는 여성의 자기 대상화가 극단까지 끌어올려진 것이다.

맨즈 시스템의 이데올로기 속에서 많은 여성들은 성적 관계를 형성·유지하고 스스로 운영하는 방법으로서 자기 자신을 대상화하는 방법만을 습득하게 된다. 그리고 점점 익숙해지면서 그로부터 만족을 얻는 법을 배우게 된다. 포르노와 성인 영화를 비롯한 수많은 매체를 통해 사람들은 성관계에서 각자의 역할을 습득하고, 이를 다시 현실에서 재생산해내어 다시 한 번 대상으로서의 여성이라는 신화를 공고히 만든다.

대상화된 위치에 익숙해진 자에게 가장 큰 희열은 대상화되고 있는 자기 자신의 모습이며, 또한 얼마나 잘 대상화하는가에 따라 보상으로서 주어지는 주인의 칭찬이다. 이 관계에서 중요한 것은 스스로가 실제 느끼는 신체적인 쾌감보다도 상대가 자기 자신을 얼마나 소중하고 아름다운 것으로 여기는가의 문제다. 이는 자신의 몸이 그저 몸 자체로서 존재하는 범위를 넘어 타인에게 '달콤하고 가지고 싶은 대상'으로 여겨지기를 선망하는 것이다. 이는 맨즈 시스템에서 우리에게 던진 메시지를 지나치게 내면화하여 결국 스스로의 몸을 남성 주의의 시각에서 바라보게 된 결과다.

이에 익숙한 사람에게 중요한 것은 자기 자신의 평가보다는 맨즈 시스템의 평가다. 때로 이는 왜곡된 권력욕구가 반영된 결과이기도 하다. 평가받는 삶을 살아가는 데에 익숙해진 많은 사람들은 규정된 평가지 속에서 더 높은 점수를 받는 것이 곧 권력이라고 착각하곤 한다. 때문에 다른 경쟁자들보다 더 높은 점수를 받는 것이 곧 승리라 생각하고 잘 대상화할수록 스스로의 권력이 올라간다고 느낀다. 그러나 이는 명백한 착각이다. 이는 마치 짐을 짊어지고 있는 낙타가, 자신이 다른 낙타보다 더 많은 짐을 지고갈 수 있으며 때문에 주인으로부터 더 사랑받는다고 자아 도취에 빠진 것과 같다. 이는 결국 주인의 맘이 바뀌거나, 늙어 제 가치를 할 수 없다면 금세 위협받을 일시적인 평가에 불과하며 스스로 누리고 만질 수 있는 권리가 아니다.

결국 여성의 몸의 문제는 규범 내에서 몸의 기준을 누구로 상정할 것인가의 문제다. 맨즈 시스템은 몸의 문제에서도 마찬가지로 남성을 기준으로 상정하곤 한다. 우리의 신체는 남성의 변형물로서 따뜻하고 부드러운 에로티시즘의 집약체로 여겨진다. 이는 남성 신체와의 차이를 중심으로 우리의 몸을 규정한 것이다. 때문에 여기서 여성의 신체는 독자적으로 존재하는 것이 아니라 오직 남성을 기준치로 삼았을 때 드러나는 차이를 통해 규정된다.

페미니즘의 흐름 한편에서는 우리의 신체에 덧붙여진 비규범성의 꼬리표를 적극 활용하려는 시도가 있어왔다. 규범으로부터 벗어난 존재로 여겨지는 우리의 특성을 적극 긍정하고 활용하자는 메시지가 그 논지였다. 그러나 이는 우리를 정상인, 기준점의 궤도로 올려놓는 것이 아니라 오히려 우리의 일탈성 – 남성을 기준으로 한 사회 속에서의 비일상성을 강조하게 된다.

성적 폭력으로부터 완전히 자유로운 여성은 없을 것이다. 일상 속에서의 성희롱은 비일비재하고, 매일 우리는 우리를 성적인 무언가로 보는 시선과 마주치게 된다. 그런 우리가 스스로의 몸이 '성적인 전파 송신기'가 아님을 깨닫기 위해서는 우리의 신체가 남성과의 차이를 통해 규정되는 것이 아님을 알아야 한다. 이는 곧 오랫동안 남성 중심적인 시각에서 보아 왔던 우리 자신의 신체를 다시 되찾아 오로지 우리 자신의 몸으로서 여기는 것이다. 기준점을 남성이 아닌 자기 자신으로 삼아, 우리의 몸이 성적인 것이 아니라 다만 우리의 자아와 결부되어 있는 몸 그 자체임을 깨닫는 것이다.

여성을 기준으로 남성의 신체를 재단하는 연습은 스스로의 몸을 다만 몸으로 인식하기 위한 좋은 연습이다. 우리의 기준을 바탕으로 몸에 대한 시각을 다시 구성하기 위해서는 우리 자신을 기준으로 세계를 다시 재편하는 작업이 필요하다. 즉 여성이 남성에 비해 어떠한 성질을 가진 것이 아니라, 오히려 남성이 여성에 비해 어떠한 성질을 가진 것으로 구분하는 시도와 연습이 필요하다. 이는 우리 자신이 남성에 비해 작고, 약하며, 부드러운 것이 아니라, 남성이 여성에 비해 크고 거칠며 지나칠 정도로 근육이 생기기 쉽다는 것을 아는 것이다.

결국 모든 이데올로기와 이미지, 시각은 인간의 주관이 가미되어 있을 뿐임을 명심해야 한다. 어느 쪽을 기준으로 삼는가에 따라 해석은 천차만별로 달라진다. 생리 또한 마찬가지다. 생리를 통해 여성들은 체내의 혈액을 다시 생성할 수 있게 되나, 남성은 주기적으로 혈액을 배출할 자연적인 방법을 갖지 못한다. 생물학적으로 근거를 갖건 그렇지 않건 상관은 없다. 어차피 이는 그동안 맨즈 시스템이 여성의 몸의 비천함을 주입하면서 수도 없이 사용했던 방법일 뿐이다.

이처럼 일상 속에서 여성만을 기준으로 세계를 다시 평가하는 것은, 오랫동안 자신의 몸을 남성의 시각에 맞추어 '성적인 것'의 규범에 가둬 둔 대부분의 여성들이 스스로의 틀을 깨고 나올 수 있는 첫 번째 발판이 될 것이다. 몸의 기준을 우리 자신으로 다시 가져오는 것은 또한 다른 맨즈 시스템의 부산물을 떨치려는 시도와 함께 시행되어야만 개인의 삶에 본질적인 변화를 불러올 수 있다. 이 모든 이야기는 결국 어긋나 있던 '인류'의 기준점을 다시 우리에게로 갖고 오려는 때문이다.

• 외모에 대해

  외모지상주의는 오래전부터 비판을 받아 온 주제이다. 최근에도 외모지상주의를 풍자하는 것을 모티프로 삼은 각종 콘텐츠가 대거 등장해 많은 사람들의 공감을 얻기도 했다. 그러나 대개 외모지상주의는 성별이나 나이 등을 불문하고 이 시대를 살아가는 모든 사람에게 균등하게 적용되는 것처럼 서술된다. 때문에 여성이 외모에 대한 강박을 훨씬 크게 느끼도록 하는 사회 구조는 오히려 외모지상주의의 이름에 가려 큰 주목을 받지 못했으며, 때로는 여성이 자신의 욕망을 이야기하는 것을 억압하는 도구로 사용되기도 했다. 외모에 대한 강박을 만드는 사회적 구조를 외면한 채로 여성 개인이 외적 선호도를 이야기할 때에만 외모지상주의의 잣대가 적용되는 등의 방식으로 말이다.

  외모에 대한 강박은 평가받는 삶을 살아가는 여성에게 편중된다. '미녀와 야수'라는 별칭을 가진 커플은 그리 어렵지 않게 찾아볼 수 있어도, '미남과 야수' 커플은 들어본 적이 없다. 당장 번화가의 거리를 걷다 보면 화장품 가게를 편의점만큼이나 자주 마주칠 수 있으며 그 손님은 거의 여성이다. 성형수술 광고에서는 아름다움을 얻은 여성이 새 삶을 사는 모습을 보여준다. 예쁘지 않은 사람들은 흔히 농담거리로 소비된다. 그리고 사회적인 미의 기준에 얼추 부합하는 사람들 또한 조언을 가장한 평가로부터 완벽히 자유로울 수 없다.

여성에게 요구되는 외적 기준에 대한 사회적 압력은 심각한 수준이다. 특히 청소년기부터 성년기 초기에 이르기까지의, 개인의 직업적·금전적 성취보다 또래 집단에서의 평가가 큰 영향을 발휘하는 시기에는 마치 외모가 여성의 사회적 지위를 결정하는 것처럼 여겨진다. 이러한 압력은 점점 개인의 내면에 축적되어 응결된다. 시험을 보러 갈 때에도, 집 앞 마트를 갈 때에도 화장기 없는 모습으로는 나가지 못하고 모자나 마스크를 쓴다. 화장을 한 모습이 아니면 자신감을 잃는다. 여성에게 화장은 하나의 예절규범이다.

심지어 외모에 대한 기준은 금세 변하며 이러한 조건을 모두 만족하는, 소위 완벽한 외모의 표상인 연예인들 또한 '예쁘지만 매력이 없다'는 등의 평가를 받는다. 기준을 만족시키는 건 불가능하다. 문제는 다른 곳에 있다.

사람들이 외모를 가꾸는 방식은 결국 사회의 기준에 따른다. '꾸미면 예쁠 얼굴'이라는 말에는 미의 기준에 대한 암시가 담겨 있다. 우리는 이 짧은 표현에서 미의 기준에 부합하는 데에 있어서는 얼굴 자체만으로는 충분하지 않다는 것을 읽어낼 수 있다. 기준을 맞추기 위해서는 머리스타일과 옷, 화장 등의 치장을 트렌드에 맞도록 잘 선정하고 가꾸어야만 한다. 이는 아래에서 이야기할 코드화된 문화적 여성성이 여성 그 자체를 넘어 중시되고 있는 현실을 보여준다.

평가의 객체로서 여성 전반은 구조적으로 꾸밈을 강요받는다. 그리고 이러한 치장의 방식에서도 또한 기울어진 권력 구도를 읽어낼 수 있다. 아래에서는 최근 특히 문제가 되고 있는 쟁점을 다루면서, 현 사회에서 요구하는 외적 여성성을 하나의 기호화된 상징으로 이해할 수 있도록 해 해답의 실마리를 제시해보고자 했다.

자유로운 선택이란 가능한가

페미니즘 내에서 이 문제가 대두될 때마다 항상 두 가지 입장이 서로 충돌하곤 한다. 먼저 여성이 좋아하는 일을 하는 것이 곧 페미니즘의 실천이며, 여성이 무언가를 선택할 권리를 존중해야 한다는 의견이다. 반대쪽에서는 우리의 선택 자체가 가부장제의 영향력으로부터 자유롭지 못하며 '자유로운 선택'자체가 허상이라 이야기한다.

이런 시각 차이는 엠마 왓슨의 화보에 대해서도 두 가지 상반되는 해석을 낳도록 했다. 먼저 한쪽에서는 노출 화보 촬영을 여성의 노출할 권리를 제한하던 기존 사회에 대한 반행위로서 페미니즘적인 행보라 해석했다. 반대로 이를 여성이 스스로를 성적으로 상품화한 행위로서 맨즈 시스템에 봉사하는 것으로 해석하는 측도 있었다.

왜 이런 문제가 발생하게 되었을까? 여성 인권의 향상이라는 같은 목표를 추구하고 있는 사람들 사이에서 말이다. 이런 분쟁이 시작된 지점에는 근본적인 시각 차이가 존재한다.

먼저 대상화의 범주를 어디까지로 설정하는가의 문제다. 즉 어떤 행동이 대상화된 것인지 혹은 대상화되지 않은 것인지를 판별하는 기준선을 어디로 잡을지가 문제가 되는 것이다. 이 이야기는 달리 말하면 자발성(대상화되지 않음)과 맨즈 시스템의 재생산(대상화됨)이라는 두 요소 사이에서 균형을 잡는 것이다.

보통 이를 옹호하는 측에서는 이것이 자발적인 행위라는 데에 방점을 둔다. 반면 이에 반대하는 측에서는 이를 완벽하게 자발적인 행위라 할 수 없다고 이야기한다. 즉 맨즈 시스템의 견고한 역사와 사회적 압력으로 인한 결과라는 것이다. 동시에 이는 여성의 대상화가 보다 만연해지게 한다는 점에서 맨즈 시스템을 재생산하는 활동이라고 해석한다.

그러나 어떤 의견을 가진 쪽에서건, 여성을 대상화하는 행위 자체(이 경우 여성의 노출사진을 성적으로 해석해 판매하는 것이 되겠다)가 맨즈 시스템의 산물이며 우리를 억압하는 체제라는 사실 자체는 부정하지 않는다. 이는 엄연히 학술적으로, 역사적으로 증명된 사실이기 때문이다.

많은 여성들은 스스로의 만족을 위해 외모를 꾸민다고 말한다. 그러나 주체로서 느낄 수 있는 만족과 객체로서의 만족은 결코 동류에 속하지 않는다. 남성이 아름다움을 추구하는 방식과 여성이 아름다움을 추구하는 방식에서는 분명 차이가 있다. 남성은 대개 스스로를 미학적으로 대상화하여 치장에 집중하기보다는 미학적 이상의 집약체인 여성을 감상하고 소유하려 애쓴다.

여성 집단은 남성에 비해 정체성에 외모가 차지하는 비중이 매우 높다. 옷 외에도, 액세서리나 화장 등 대개 여성용으로 사용되는 치장들의 목적은 결국 기존의 성역할 고정관념과 닿아 있다. 즉 이는 여전히 여성이 수동적인 대상물로서 위치하고 있다는 방증이며 그 근본은 맨즈 시스템과 긴밀하게 연계되어 있다.

이는 결국 성별 간의 권력 격차에서 기인한다. 여기서 우리는 치장을 하는 것 자체의 옳고 그름에 대해서는 이야기하지 않으려 한다. 앞서 언급했던 것처럼, 어차피 기존의 여성성을 상징하는 외적 지표들, 예를 들어 긴 머리나 화장, 높은 굽의 신발과 같은 것들은 다만 존재할 뿐이며 그 위에 덧씌워져 있는 사회적인 함의가 문제가 되는 것이기 때문이다. 때문에 우리는 여성으로서 코드화되어 있는 시각적 기호 하나하나가 함의하는 것을 지적하기보다는, 이 현상이 여성 개인에게 끼칠 수 있는 위험에 대해 이야기하고자 한다.

코드화된 외적 표지로서의 여성성

성욕 또한 조건화(학습)된다는 것은 유명하다[7]. 예를 들어, 먼저 사람들에게 성욕을 불러일으키는 이미지, 그리고 아무런 관련이 없는 물건을 반복적으로 연결시켜 보여준다. 그렇게 피험자들은 성욕과 물건 간의 연관성을 몸으로 학습하며, 결국에는 섹슈얼한 이미지 없이 물건을 보았을 때도 반사적으로 성욕을 느끼게 된다.

이 실험은 여성의 치장이 코드화된 기호임을 보여주는 예다. 현재 긴 머리나 치마, 하이힐과 같은 치장은 성적 매력의 척도로서 이용되는 시각적 기호다. 이러한 치장 자체는 다만 존재할 뿐이다. 모든 치장과 복식은 사람들이 어떤 의미를 덧씌우는가에 의해 그 사회적인 함의가 달라진다. 치장이 '야한 옷'으로서 의미를 지니기 위해서는 사회적 합의가 요구된다. 즉 '여성성'이라는 이미지는 결국 여성 그 자체의 본질이라기보다는 사회적으로 부여된 성적인 이미지들의 집약체라 할 수 있다.

그렇다면 이런 의문을 품을 수 있다. 치장이 코드화된 기호라면 왜 여성복은 많은 경우 성적인 것으로 여겨지고, 남성복은 성적 특이성 없이 의복 그 자체로서 여겨지는 것들로만 이루어져 있는가.

---

7   The role of incentive learning and cognitive regulation in sexual arousal, Mirte Brom

종종 남성 또한 외모를 가꾼다는 것을 근거로, 여성과 남성 모두는 사회의 규칙에 따르는 것일 뿐이라는 이야기를 듣는다. 그러나 남성의 미적 기준은 그들의 강자성 – 주체성과 결부되어 있으며 여성에게 적용되는 미의 기준은 정반대의 방식으로 작동한다. 이상적인 남성의 외모는 통상적으로 남성적이고 멋있는, 즉 힘이 있는 이미지로 묘사된다. 마초적 남성상은 그 극단을 보여준다. 반면 여성의 외적 기준은 대개 성욕을 얼마나 유발할 수 있는가에 달려 있다. 문화적인 여성성은 '사랑스럽'거나 '예쁜', 혹은 '섹시한' 등의 방향을 향한다.

결국 여성적인 치장은 대상으로서의 지위를 표시하는 하나의 지표일 뿐이다. 그 목적은 분명히 여성의 대상화를 가리키고 있다. 코드화된 여성성은 대상으로서 평가자에게 기쁨을 주는 것을 그 뿌리로 삼고 있으며 우리의 의도와는 관계없이 그 기능을 행한다. 문화적인 외적 여성성은 결국 여성이 분배자원으로서, 대상으로서 여겨져 온 역사의 산물에 불과하다.

우리 자신이 이를 어떤 의도로 입건, 특정한 방식의 치장은 결국 우리가 특정한 방식으로 받아들여지도록 만든다. 사람들의 차림새와 행동거지 등은 그 사람에 대해 많은 것을 보여준다. 치장에 많은 노력을 들이는 사람일수록 외적으로 보이는 것들이 그 사람 자체와 깊게 관련을 맺는다는 명제에 더 많이 공감할 것이다. 우리는 낡은 옷을 입은 사람을 보면 그 사람이 그리 부유하지 않을 거라 추측하고,

정장을 차려입은 사람을 보면 직업을 가진 사람일 거라 추측한다. 마찬가지로 얼굴의 생김새나 머리 염색 등을 통해 우리는 처음 보는 사람에 대해서도 많은 것들을 추측해내곤 한다.

그리고 바로 그 지점에서 코드화된 여성성은 그 수용자에게 부정적인 영향력을 끼친다. 물론 개인의 자유는 존중받아야 마땅하며, 우리 모두가 바라는 사회는 결국 누가 어떤 옷을 입건 아무도 신경을 쓰지 않는 곳일 터다. 그러나 현재의 외적 치장의 규범은 결국 그 수용자가 '대상'임을 보여주는 코드화된 지표로서 발현된다. 결국 그 지표를 입는 사람은 '여성'이라는 범위를 넘어 한 인간으로서 생각되어지기 어렵다. 대상으로서 스스로를 위치시킴으로써, 우리는 타인에게 우리를 평가할 권리가 있다고 착각하도록 한다.

치장 행위에 동반되는 가장 큰 문제점은 여성 개인이 스스로를 대상화하는 것에 익숙해진다는 점이다. 여성의 외모가 직접적으로 효용을 갖는 곳은 자기 자신보다는 외부의 평가자 쪽이다. 결국 사회화된 치장에 익숙해지면서, 여성 개인은 단순히 코드화된 외적 기호를 덧입는 정도를 넘어 스스로의 자연스러운 제스처, 행동, 목소리 등을 이상적인 방향으로 함께 조절하고자 애쓰게 된다. 다시 말해 우리는 평가받는 시각을 내면화해 스스로 조건에 부합하고자 애쓰는 데에 익숙해진다. 그 과정에서 '나의 존재하는 방식은 그 방식이 어떤 방식이건 옳다'는 신념은 자연스럽게 약화된다.

결국 사회의 기준에 스스로를 맞추어 갈수록 진정 자신이 원하는 것으로부터는 멀어지게 되며, 그런 삶에 익숙해질수록 주체로서의 만족으로부터는 멀어지게 된다. '좋은 대상물'로서 느끼는 만족감은 절대 주체로서 갖는, 온전히 스스로를 위한 만족감과 같은 층위에 놓일 수 없다. 약간의 인정과 보상이라는 반쪽짜리 대가에 매달리는 것은 결국 스스로의 내부를 조여들게 만든다.

맨즈 시스템이 여성을 평가하는 시선을 내재화하는 과정에서 치장 행위는 가장 큰 역할을 한다. 이는 여성이 주체로서 만족을 느끼는 것을 가로막는 걸림돌이며, 심지어는 매일매일 스스로 행하는 자유로운 선택이라는 허울에 가려 현실을 올바르게 보지 못하도록 만든다.

개인이 활용할 수 있는 정신적 에너지, 돈, 시간 등은 한정적인 자원이다. 여성 집단에게 편중된 외모에 대한 강박은 결국 집단으로서 우리가 활용할 수 있는 자원 중 상당수를 오직 대상화의 영역에 사용되도록 한다. 결국 옷을 사고 화장품을 사는 데에 모든 가용한 돈을 소모해 진정 주체로서의 자신이 원하는 곳, 진정 만족감을 주는 곳에는 소비를 하지 못한다. 이는 결국 집단 단위에서 여성 전반이 권력을 갖는 것을 방해하게 된다.

맨즈 시스템은 소위 여성적인 방식으로 꾸미지 않는다면 투명인간처럼 무시를 받거나 주류 사회로부터 멀어질 것이라는 공포를 주입한다. 그러나 코드화된 여성성의 규범을 벗더라도 상상 속의 공포는 실현되지 않는다.

스스로를 대상으로 여기고 코드화된 기호를 뒤집어쓰던 습관을 멈춤으로써 우리는 오히려 사회적으로 '여성화'되지 않은 — 즉 약자의 위치로 전락하지 않은 자기 자신을 느낄 수 있게 된다. 결국 자신의 정체성은 오롯이 우리의 선택과 의도일 뿐이며, 특히 외모와 같은 타인에게 종속되는 가치는 정체성의 범주 내에 놓을수록 스스로를 약하게 만든다. 세계는 불확정한 들끓는 에너지 그 자체이며, 그 중에서도 타인의 일시적인 평가에 뿌리를 내리고 있는 정체성은 가장 상처받기 쉽다.

자기 자신의 본래 모습에 익숙해지는 것은 3단계로 이행하기 위한 필수적인 조건이다. 오롯이 자기 자신에게만 무게를 싣고, 모든 것을 자기 자신을 기준으로 생각하기 위해선 외부에 평가자를 두는 삶의 방식을 재편해야 한다. 생각의 변화와 실천의 변화는 서로 떨어질 수 없는 사이이며 한쪽만이 변화하는 것은 결국 아무런 의미가 없다.

누구나 맨즈 시스템의 허물을 벗어내는 속도와 방식은 다르다. 특히 치장의 경우는 시각적인 영역에 속하다 보니 모르는 사람에게도 이방인으로서의 본질을 드러낸다는 느낌이 들 수 있다.

죄책감을 느낄 필요는 없다. 치장 자체는 다만 도구일 뿐이며 본질적인 목표는 본래 우리의 것이어야 했던 권력을 찾는 것이기 때문이다. 중요한 것은 실제로 우리가 향해야 할 방향성을 명확히 인지하고, 잘못된 부분을 합리화하지 않는 것이다. 옳은 것을 옳은 것으로, 옳지 않은 것을 옳지 않은 것으로 확실하게 구분하면서 결과론적으로 접근해 공동의 목표를 달성할 수 있어야 한다.

사회적으로 요구받은 여성성을 벗은 우리는 하나의 전위적인 퍼포먼스가 된다. 기존의 여성성이 여성 자신을 배제한 오직 사회화된 코드들의 집합체였음을 우리는 존재 자체를 통해 만방에 폭로한다. 그리고 그들을 보는 사람들에게 의문과 낯선 감각을 심어준다. '저 여자는 여자인가, 남자인가?' 그들의 질문은 이미 그 안에 정답을 내포하고 있다.

대상물로서 물화된 기호들을 뒤집어쓰지 않은 여성이 존재할 수 있음을 공표하고, 다른 여성들에게 다른 삶의 방식이 존재한다는 것을 보여주면서 우리는 가부장제로부터 부여받은 여성성을 타파하고 나아가도록 다른 여성들에게 용기를 줄 수 있다. 그렇게 시스템에는 또 한 번의 균열이 가해진다.

• 우리의 정체성에 대해

구조는 개인의 선에 앞선다

이 파트의 이야기들은 왜 맨즈 시스템과의 충돌이 권력 관계를 위주로 생각되어야 하는지를 여실히 보여준다. 인간의 정체성, 그리고 그가 갖고 있는 세계에 대한 관념은 그 자신의 본성과 후천적인 요소들에 의해 만들어진다. 우리가 갖고 있는 것들 중 무균실 속에서 배양된 것은 없다.

남자아이들이 여자아이들에 비해 거칠다는 말은 널리 통용된다. 그리고 그 속에서 우리는 이런 메시지들을 읽어낼 수 있다.

1) 거칠다는 말은 곧 제어 없이 스스로를 직설적으로 표현할 때 쓰인다.

2) 남자 아이들은 '원래' 거칠기 때문에 조금 공격적이더라도 유별나게 이상행동을 하는 것은 아니다.

3) 때로 소위 유약한 남아들은 남자답지 못하다는 비판과 함께 공격성과 진취성을 기를 것을 주문받는다.

이렇게 그들의 자아상은 특정한 방식으로 고착되며, 여기에서 우리 모두는 맨즈 시스템의 메시지를 십분 읽어낼 수 있다. 여기서 또한 중요한 것은 남아에게는 성장 과정 동안 여아만큼의 높은 도덕성과 공감 능력이 요구되지 않는다는 점이다. 이는 구조적 가해자성의 고착화로 이어진다.

페미니즘을 통해 사회를 바꾸고자 하는 사람들이 인지하지 못하고 넘기는 부분 중 하나는 보편적인 인간들이 움직이는 메커니즘이다. 대개 학문으로서, 혹은 운동으로서 페미니즘을 접하고 지지하는 사람들은 소위 인권 감수성이 높은 축에 속한다. 그리고 인간은 대개 다른 인간이 자신과 비슷할 것으로 상정한다 – 때문에 그들은 대부분의 사람들 또한 이 이야기를 들을 경우 그것이 옳기 때문에 이에 공감하고 스스로의 행동을 수정할 것이라 기대한다. 그러나 대중, 그중에서도 사회화 과정에서 공감 능력을 요구받지 않고 성장한 일반적인 남성들의 경우에는 인권 감수성이란 저 먼 곳의 이야기에 불과하다.

남성은, 심지어 페미니즘을 지지한다고 이야기하는 남성들 또한 가해자적 특성에서 자유로울 수 없다. 우리는 구조 속에서 가해자로, 피해자로 각자의 역할에 맞게 행동할 것을 교육받는다. 우리 모두는 뿌리에서부터 철저히 이런 교육을 받고 자랐으며, 인간 개인의 선은 그 앞에서 큰 힘을 발휘하지 못한다.

그 전에 먼저 살펴봐야 할 문제는 과연 그 개인의 '선'이 어디까지 발휘될 수 있는가의 문제다. 최근의 사회적 흐름 속에서 남성들이 스스로 페미니스트라는 선언을 하는 경우가 꽤 늘었다. 심지어는 한국의 유명 남성 연예인도 자신이 페미니스트임을 공표하기도 했다. 기존의 분위기를 생각하면 어이가 없을 정도의 급격한 변화다.

그러나 페미니즘의 기치에 공감하는 남성 또한 대부분 스스로 그은 선 이상을 넘어가는 것은 거절한다. 단순히 그것이 옳기 때문에 자신의 모든 것을 내놓고 여성 해방의 기치를 지지하는 남성을 상상할 수 있는가. 이 이야기는 결국 유토피아의 건설을 이야기하는 것이 아닌, 한정된 권력의 파이를 누가 더 많이 가져가게 될 것인가의 이야기다. 쥐고 있는 것을 선선히 포기하는 사람은 없으며, 남성 일반은 이 흐름 속에서 자신의 역할을 잘 알고 있다. 결국 중요한 것은 어떤 이상이 옳고 그른지가 아니다.

맨즈 시스템의 구조를 세밀한 수준까지 분석하고 파고들지 않는다면 개인은 절대 구조보다 앞서 존재할 수 없다. 자기 자신에게 덧씌워진 꼬리표를 완전히 뗄 수 없다. 그러나 과연 남성들이 사활을 걸고 이 구조를 분석하고 거부할 유인이 있는가? 매일 스스로를 점검해가면서 가해자성을 자신으로부터 축출해낼 이유가 존재하는가? 그 전에, 맨즈 시스템의 구조 속에서 얻는 것이 많은 측은 자신의 구조적 가해자성을 인지하더라도 대개 굳이 이를 바꿀 필요를 느끼지 않는다는 점을 고려해야 한다. 그리고 남성 일반이 보이는 개인주의적 특성 – 결정에 있어 자신을 제1순위에 두고 고려하는 특성을 고려했을 때 이는 더욱 분명해진다.

여성과 남성 전반의 공감 지능에 대한 이야기는 자주 거론되는 주제다. 대개 남성은 공감 지능이 여성에 비해 덜 발달했다고 흔히들 말한다. 공감 능력이 성장 과정 속에서 어떻게 만들어지는가라는 주제는 일단 잠시 제쳐두고, 공감이라는 감정이 발현되는 상황의 조건을 파헤침으로써 우리는 흥미로운 단서를 얻을 수 있다.

통설에 의하면 일반적으로 남성은 문제 해결 과정에서 목표만을 생각하기 때문에 위로에는 적합지 않다고 한다. 그러나 이는 결국 관계 내에서의 주도권과 성의의 문제다. 직장 상사에게 '그렇게 네가 잘 했어야지'라고 이야기하는 건 상상할 수 없는 것처럼 결국 이는 관계에서의 성의와 예의의 문제다. 이렇게 공감 능력의 발현은 '내가 함부로 굴 수 있는 사람인가' - 즉 관계 속에서의 권력을 통해 결정된다.

이는 가해자적 특성을 꾸준히 유지하는 것과도 연관성이 있다. 맨즈 시스템의 기울어진 권력 구도 속에서 남성은 가해자로서의 특성을 유지하더라도 정을 맞지 않는다. 지금 이토록 많은 남성들이 페미니즘에 공감하기 시작한 것은 결국 우리의 목소리가 커졌기 때문이지, 사람들의 인권 감수성이 갑자기 향상되었다거나 그들 개인이 선한 탓이 아니다. 이는 결국 인간은 사회의 흐름에 발맞추어 스스로를 수정하고 눈치를 보기 때문이다. 때문에 페미니즘 이슈에 대한 남성 일반의 변화는 대개 스스로가 실제로 그 기치를 완벽하게 지지하게 되었다기보다는, 사회에서 허용하는 선이 변했다는 것을 직감하고 그에 맞추어 스스로의 행동을 조금 제한한 정도에 불과하다.

어차피 사회의 구도가 재편되면 사람들은 따라온다. 그리고 가진 것을 놓게 하는 것은 설득이 아니다. 주위의 남성이 우리의 이야기를 듣고 개심하여 가해자적 특성을 완전히 놓아버릴 것이라는 기대를 갖고 일대일로 설득하는 것은 대개 실망스러운 결과로 이어진다. 더 효율적으로, 편안하게 우리가 할 수 있는 일은 각자의 자리에서 갖고 있는 것을 최대한 활용해 사회의 움직임에 변화를 일으키는 것이다.

우리의 새로운 정체성

속해 있는 환경에서 사람들에게 요구하는 조건을 파악하는 것은 유의미한 작업이다. 이 사회는 어떤 가치를 선망하고 있는가? 환경을 파악하는 것은 개인의 삶에서 성취를 이뤄내기 위한 첫 번째 단계다. 이는 자신이 활용할 수 있는 자원이 무엇인지를 탐색하고, 갖고 있는 것과 활용할 수 있는 것을 비교해 목표에 이르는 효율적인 길을 탐색할 수 있도록 한다.

대부분의 사람들은 이러한 조건들을 뭉뚱그려 혼합한 형태로 그들의 정체성을 정립한다. 이는 대개 타인과의 비교를 통해 사회 안에서 스스로의 위치를 찾아가는 방식이다. 많은 경우 사회 속에서 스스로가 서 있는 위치에 대한 인식은 자신의 자아상 안으로 편입된다. 불필요한 부분들이 여전히 비대한 자아상을 갖고 있기 때문에 그들은 제대로 움직일 수 없다. 이는 우리가 특정한 지점에 얽매여 있도록 만들어 2단계에서 3단계로의 이행을 방해한다.

그러나 앞서 1부에서 이야기했던 것처럼 맨즈 시스템을 깨고 나온 후의 우리는 그동안의 정체성이 모두 허상이라는 것을 깨닫게 된다. 기존의 규칙 자체가 개인에게는 무의미한, 그저 날씨가 맑거나 흐린 것과 같은 외부의 조건임을 깨닫게 되면 우리는 형성되고 축적된 정체성으로부터 자유로워질 수 있다.

앞서 우리는 맨즈 시스템에서 부여받은 강자성은 곧 대부분의 남성에게 있어 정체성의 일부로 편입된다는 것을 이야기했다. 맨즈 시스템 속에서 남성 일반은 특정한 행동과 사고방식을 그들의 정체성의 영역 안으로 끌어오게 된다. 예를 들어 사회적 남성성에 대한 집착이라거나 혹은 여성을 타자화함으로써 스스로의 주체성을 확립하는 등의 사고가 그것이다. 그리고 앞서 이야기한 것처럼 그들은 맨즈 시스템으로부터 완전히 분리될 유인도 필요도 없기 때문에 — 반대로 이러한 강자성을 유지하기 위해 따라야 하는 사회의 제약과 규율로부터도 자유로울 수 없다.

그러나 우리의 경우는 다르다. 1부에서 이야기했던 것처럼 우리는 이 사회의 규준들이 애초에 남성만을 주요 구심점에 두고 쌓였다는 것을 알 수 있으며, 때문에 우리는 그로부터 이익을 얻을 수도 없지만 대신 얽매일 필요도 없다. 우리에게 있어 새로운 정체성은 남성과의 동일시, 혹은 기존의 여성성과 완전히 대치되는 것이 아니다. 우리의 새로운 정체성은 오직 자기 자신을 기준으로 삼아 생성된다.

남성이 그동안 스스로의 정체성을 확립해 온 방식은 타자를 반드시 필요로 한다. 위에 올라선 스스로의 모습을 보기 위해서는 무언가를 밟고 올라가야 한다. 때문에 맨즈 시스템에서의 강자성은 자유롭지 못한, 종속된 주인의 모습이다.

현 사회의 조건과 상황을 감안했을 때 여성 일반이 사회적인 권력을 획득하기 위해서는 코드화된 강자성, 예를 들어 화장을 하지 않는다거나 단정한 정장을 차려입는 것처럼 대개 남성의 영역에 속하는 것으로 여겨져 온 기호들을 여성의 것으로 가져와야 한다. 여기서 중요한 것은 여성 전반의 권력 획득을 위한 과정에서 강자성의 표식은 그 자체가 의미를 가지는 것이 아니라 우리가 이를 실제로 가지고 이용하는 데에 의미가 있다는 사실이다.

바지를 입을 권리를 위해 투쟁했던 선배 여성들도 당시에는 남성의 전유물을 노리는, 남성이 되고 싶은 자들로 의도적으로 프레이밍되었다. 이는 코드화된 강자성을 누리는 것이 실제로 시스템을 흔들수 있다는 것을 보여주는 방증이다. 바지가 약자성의 기호로 여겨지고 통치마가 강자성과 권력의 기호로 여겨지는 사회였다면 선배 여성들은 통치마를 입을 수 있는 권리를 주장했을 것이다. 바지나 액세서리 등의 코드 하나가 옳은지 혹은 그른지를 논하는 것은 큰 의미가 없다. 중요한 것은 그 코드 위에 씌어 있는 강자성과 약자성의 뉘앙스다.

체제의 작동 방식을 인지한 채로 기존의 강자성을 추구하는 것은 남성성과의 동일시를 추구하는 것과 절대 동일하지 않다. 이는 우리 자신의 의도와 선택만을 정체성의 단단한 벽 안에 넣어 둔 채, 이외의 모든 것을 자유롭게 운용하는 것이며 여기서 코드화된 강자성은 다만 목표를 추구하는 길의 효율적인 도구일 뿐이다. 강자성에 대한 집착은 또 다른 집착을 낳게 되고, 목표에 도달하지 못하면 박탈감을 느껴 스스로를 갉아먹게 된다. 결국 중요한 것은 당신 자신이다.

삶은 되짚어 보며 하나씩 분석하는 것이 아니라 만들어나가는 것이다. 이전까지의 자기 자신과 경험은 미래를 만들 질료이자 바탕일 뿐이다. 그리고 여성으로서 우리는 이 시스템 속에서 인간의 표준형으로서 여겨본 적이 없던 덕에 이런 자유를 온전히 느끼고 누릴 수 있게 된다. 우리의 주체성은 타자를 약자로 상정하는 데에서 오지 않는다. 페미니즘 진영에서의 공공의 적은 맨즈 시스템 그 자체이고, 우리는 맨즈 시스템을 약자로 상정해 밟고 올라서 스스로의 강자성을 주장하려는 것이 아니다. 그렇기 때문에 우리의 정체성과 자유는 기존 남성들의 주체성과는 명백히 그 결이 다르다. 기존의 강자성이 반드시 노예를 필요로 하는 종속된 주인됨이었다면 우리는 우리 자신으로서 온전히 자유롭게 존재할 수 있다.

• 일부일처제에 대해

결혼은 가부장제를 지속시키는 주요한 수단이다. 그리고 한국을 포함한 대부분의 국가는 일부일처를 결혼의 표준으로 삼는다. 현대에 이르러 누구의 방해도 없이 당사자 간의 사랑과 합의로 이루어지는 결혼이 이상적인 형태로 자리를 잡게 되었지만 이전까지 대부분의 결혼은 집안 간의 결합에 가까웠다.

이는 단순히 기존의 공동체주의적 문화가 개인의 자유권을 존중하는 문화로 대체되면서 일어나는 현상이 아니다. 가문 간 결속으로서의 결혼은 가문의 중요성이 강한 지역에서는 여전히 주류를 차지하고 있으며, 현대에 이르러 그 영향력이 약화된 것은 확대 가족이 수행하는 역할이 축소된 결과다. 결국 생애 단계에서 개인이 내리는 결정도 외부와 상호작용해 그 요구와 서로 합을 맞추어 만들어진다.

이데올로기와 체제가 서로를 강화한다는 관점에서, 우리는 일부일처제가 과연 맨즈 시스템의 유지에 어떤 역할을 하는지 생각해 볼 필요가 있다. 거시적 차원에서 보았을 때 결혼은 사회 구성원의 재생산을 통해 새로운 노동력을 공급받을 수 있는 수단이다. 결혼이라는 체제가 없을 경우 새로운 구성원의 출생과 양육에는 수많은 사회적 부담이 따른다. 그러나 결혼이라는 체제를 통해 가정에서 출생과 양육의 기능을 모두 담당하도록 함으로써 사회 구성원의 공급은 차질 없이 효율적으로 진행될 수 있다. 한국의 경우 이처럼 출생과 양육, 교육 등의 기능을 가정에 일임하는 경향이 더 크다.

또한 이는 사회의 충돌을 방지하는 도구이기도 하다. 남편의 기를 살려줘야 가정이 평온하게 유지된다는 말은 4-50대 층에서는 여전히 문제없이 통용되고 있다. 일부일처제 속에서는 아무리 낮은 계층에 속한 남성이더라도 자신의 강자성을 재확인할 수 있는 대상이 있다. 하위 계층의 남성들은 가정 내에서 스스로의 권력을 확인하면서 구조 자체에 분노하지 않고 무력함을 외면할 수 있게 된다. 분노를 여성에게 몰아두는 것은 그 어떤 사회 집단에게 책임을 넘기는 것보다도 안전한 방법이다. 여성은 다양한 사회적, 개인적 원인으로 인해 주체의 범주에서 제외되어 왔으며 그 역사가 오래된 만큼 오히려 이를 합리화할 수 있는 눈가림은 더 풍부하다. 여성은 위험 요소의 범주 자체에 속하지 않는다는 사실을 고려했을 때, 일부일처제는 하류 계층의 남성에게 배출구를 주고 안정감을 제공함으로써 기득권에 대한 위험 요소를 경감시키는 좋은 방법임을 알 수 있다.

이러한 시각에서 보았을 때, 여성을 재화처럼 분배하여 (남성) 사회의 불안 요소를 잠재운다는 점에서 결혼과 성매매는 큰 차이가 없다. 만들어졌을 당시는 기저의 목적이 보다 분명하게 드러났으나 지금은 겉으로나마 이런 의미는 퇴색된 상태다. 그럼에도 결혼과 성매매라는 두 가지 시스템은 여전히 여성이 분배 자원으로서 여겨지고 있다는 것을 명백히 보여준다.

한국에서 결혼은 남성에게 한 명씩 여성을 공평하게 분배하여 본래 국가가 분담했어야 하는 기능을 대신 행하게 함으로써 사회적인 부담을 경감하는 체제다. 결혼은 대개 두 사람 간의 아름다운 결합으로 여겨지며 그 미명 하에서 여성의 가사노동과 출산은 그 가치를 인정받지 못한다. 여성의 출산과 가사 노동은 신성한 어머니의 '사랑'으로 행해지는 가치를 매길 수 없는 행위며, 때문에 대가를 요구하는 것은 어불성설이다. 이런 명목 아래 출산의 위험성이나 가사노동의 경제적 가치와 같은 주제는 외면되어 왔다.

결혼은 인생의 종착점이다

한국에서 결혼은 진정한 어른의 단계로 넘어가기 위한 마지막 관문이다. 많은 사람들은 결혼 후로 안정적인 삶이 쭉 이어질 것이라는 기대를 갖고 레이스를 완주하기 위해 노력한다. 한국 사회에서는 삶의 규격을 분명하게 찾아볼 수 있다.

유년기부터 청소년기까지는 직업적 성공을 위한 기틀을 닦아야 하는 시기이며, 학업에서의 성취가 특히 중요시된다. 청년기 초입에는 그렇게 갖게 된 자원들을 활용해 금전적인 안정을 이뤄야 한다. 그리고 그 후에는 결혼을 했는가의 문제가 성공을 결정하는 지점이 된다. 결혼 후에는 자식을 낳고, 똑같은 경주를 자식이 잘 달리도록 하는 것이 그의 인생이 성공했는가를 결정한다.

이 수많은 규범들 중에서도 결혼은 자기 자신 외의 다른 외부적 요소를 필요로 한다는 점에서 청년기까지의 요구사항들과는 차이를 보인다.

'집에는 남자가 있어야 한다'는 말이 있다. 가정에 성인 남성이 없을 경우 대외적 갈등이나 분란 상황이 있을때 무시받기 쉬우며, 각종 범죄의 위험에 노출되기 때문에 가정에 남성 책임자가 필요하다는 의미다. 결혼은 맨즈 시스템의 내부에서 만들어진 문제를 간접적인 방식으로 막아 시스템 안에 안주하게끔 하는 미봉책이다. 결혼은 여성에게 행해지는 구조적 폭력을 개인의 문제로 축소시켜 은폐한다.

결혼을 한 후에는 인생이 보다 안정적으로 변한다는 이야기를 자주 듣는다. 어떤 상황에서건 믿을 수 있는 내 편이 한 명 생기고 세계 속에서 내가 차지할 수 있는 자리가 하나 생긴다거나, 함께 모으기 때문에 돈을 비축하는 것이 보다 수월해진다는 게 보통 그 근거다.

그러나 두 가지 이야기 모두 현실과는 다르다. 가정 폭력은 외부인에 의한 폭력보다 발생 가능성이 훨씬 높다. 또한 한국에서 노부모를 부양하고 아픈 배우자를 수발드는 등 가정을 위해 희생적으로 노력하는 것은 여성의 역할이다. 그리고 결혼을 통해 모은 돈은 결국 자식에게 사용된다.

그렇다면 여성 개인은 결혼을 통해 무엇을 얻을 수 있는가. 결혼을 통해 남성이 얻을 수 있는 것과 여성이 얻을 수 있는 것은 그 가치가 완전히 다르다. 남성은 결혼을 통해 무상으로 이루어지는 가사 노동을 제공받으며 자신의 성을 물려받은 아이를 얻게 된다. 반면 여성의 경우에는 주체로서 험난한 세상을 살아가지 않아도 된다는 약간의 안정감과 보호의 감각을 제공받는다. 그러나 한국의 가정 내에서 보호나 안정감은 많은 경우 허울에 불과하단 것을 고려하면, 확실하게 얻을 수 있는 것은 돌출되지 않은 정상적인 삶을 살아간다는 안도감뿐이다.

규범 안에 편입되는 것은 안도감을 준다. 맨즈 시스템 안에서는 비혼 여성의 삶에 대한 무시무시한 설화가 떠돌아다닌다. 미디어에서는 노처녀를 예민하고 까다로운 이미지로 묘사하며, 그들이 남성으로부터 하사받는 총애가 사라진 시점에서도 여전히 사랑을 구걸하며 구천을 떠도는 불쌍한 악령이라 굳게 믿는다. 맨즈 시스템이 기대하는 안타까운 모습만을 만들어 조명하는 것은 명백히 이탈자를 방지하기 위한 공포 전략이다.

이런 일말의 안도를 위해 여성은 가정 안에 예속된다. 맨즈 시스템에서 말하는 결혼 후의 안정적인 삶의 모습은 곧 자기 자신의 미래를 고려하지 않는 삶이다. 결혼 이후로 여성의 고민은 자신에서 다른 가족들에게로 옮겨간다.

수많은 여성들은 결혼 연령대 후의 삶을 상상하지 않고 살아간다. 남편의 직업 등에 따라 수많은 조건이 달라질 것이기 때문에 아직은 아무것도 확정지을 수 없으므로. 여성의 독립적인 삶의 결정은 결혼 이전까지만 가능하다. 이런 의미에서도 결국 결혼은 여성 개인의 인생이 마무리되는 종착점이 된다.

비혼 여성은 오롯이 자기 자신을 책임지지만 기혼 여성은 자신 이전에 가족을 고려해야 하며 온전히 스스로에게 쓸 수 있던 자원은 그만큼 다른 가족들에게 할애된다. 미디어에서는 비혼 여성의 비참한 삶을 걱정하지만 기혼 여성의 삶은 아무도 걱정하지 않는다. 기혼 여성은 이미 그들을 책임져줄 곳에 편입되어 있다는 전제 하에 외면되지만 실질적으로 한국에서는 구성원에 대한 보호의 역할마저도 기혼 여성의 몫이다. 그들을 보살피는 사람은 없다. 비혼 여성과 기혼 여성이 부담하는 위험에는 차이가 보이지 않는다.

때문에 여성을 비혼과 기혼으로 나누어 경합하도록 만드는 구도는 무의미하다. 이는 결혼이라는 시스템을 통해 가부장제가 존속되어 왔음을 엄폐하려는 시도일 뿐이다. 많은 페미니스트들은 비혼과 비출산을 표방함으로써 이러한 억압의 서사를 전면으로 거부한다. 이는 분배 자원이 되기를 거부함으로써 맨즈 시스템이 현 상태 그대로 지속되지 않을 것임을 공표하는 하나의 선언이다.

- **사랑에 대해; 사랑은 여자의 아편이다**

앞서 일부일처제를 비롯한 결혼 시스템이 결국 맨즈 시스템을 지속하는 도구로서 사용됨을 이야기했다. 여성이 불리한 체제 안으로 스스로 뛰어들기를 선택하도록 만드는 한 축이 사회적 안정감이라면, 다른 한 축에는 사랑이 있다. 이 파트에서는 가장 개인적인 영역으로 여겨지는 감정 또한 사회의 구획물이며 맨즈 시스템으로부터 자유롭지 못함을 이야기해보려 한다.

사랑은 만들어진다

감정에도 역사가 존재한다는 개념은 최근 들어 학술적인 주목을 받기 시작했다. 사랑에도 역사가 있다. 사랑에 대한 관념은 시대에 따라 변해왔으며, 다른 모든 감정들과 마찬가지로 당대의 사회적 요구에 따라 모습을 달리해 왔다.

현대에서 사랑이라는 단어는 보통 특정한 인물에 대한 성욕과 친밀감, 그리고 헌신의 결합체를 일컫는다. 서구에서 낭만적 사랑의 개념은 12세기 무렵 생성되기 시작했다. 당시의 사랑은 "기사도적 사랑"으로 일컬어진다. 12세기 남부 프랑스에서는 "진정한 사랑 Fin'Amors"이라는 개념이 등장했다. 이 단어를 역사의 페이지 위로 등장시킨 것은 음유시인들이었다. 이들은 사랑에 대한 관념을 빠른 속도로 유럽 전역에 퍼트렸다. 그레고리오 개혁 이후에는 사랑의 개념에 변화가 일어났고, 성욕은 다만 한 가지 취향이자 선택지로 취급되었다. 이후 핵가족화와 함께 대가족의 중요성이 약해지면서 사랑은 마침내 지금과 같은 모습이 되었다.

이런 변화는 사랑을 추구하는 방식이나 이름에만 국한되는 것이 아니었으며, 당대 사람들이 느끼는 감정 자체에도 관여했다. 즉 우리는 절절한 사랑의 감정을 먼저 느낀 후 이를 사랑이라는 이름으로 인지하는 것이 아니라, 반대로 사랑이라는 문화적 개념이 존재함으로써 비로소 누군가를 사랑할 수 있게 된다. 때문에 사랑이라는 감정이 존재하는 방식 또한 사회의 흐름에 따라 변한다. 예를 들어 중세적 관념에서 사랑은 욕망과 함께 등장하며, 상대를 갖고자 하는 욕망을 충족시키지 않는 것만이 사랑을 순수한 상태로 지속시킬 수 있는 유일한 방법이라 서술된다. 반면 고대 그리스의 문헌에서는 욕망과 사랑 간의 이원론적 대립 체제가 발견되지 않는다[8].

감정의 양상이 변화하는 데에는 항상 사회 조건의 변화가 수반되었다. 여기서 우리는 감정 또한 사회의 요구에 맞추어 구획된다는 것을 알 수 있으며, 사랑의 역사가 형성되는 과정에서는 다른 사회적 조건보다도 결혼 시스템을 중심으로 한 가부장제의 영향력이 크게

---

8   The Making of Romantic Love, William M. Reddy

작용할 거라는 추측이 가능해진다.

성욕, 친밀감, 그리고 헌신의 합집합인 현대적인 사랑의 관념은 일부일처제와 충돌하는 경우가 잦다. 일부일처제에서는 한 명의 대상에 대한 헌신을 요구하지만, 성욕과 친밀감은 조건이 맞는 상대에게는 누구나 발생할 수 있으며 반드시 헌신의 개념이 동반되는 것은 아니다. 불륜이나 바람과 같은 경우에서 우리는 일부일처제와 현대적인 사랑의 이데올로기라는 두 가지 체제가 충돌하는 양상을 엿볼 수 있다.

결국 몇 가지 독특할 것 없는 감정들의 총합을 사랑이라는 미명으로 우상화하는 것은 동화적인 상상에 불과하다. 사랑은 '저항할 수 없는 마법적인' 감정보다는, 성관계가 가능하고, 감정적인 친밀감을 느낄 수 있으며, 다른 후보자들에 비해 적합한 조건을 갖고 있어 오랫동안 독점적인 관계를 유지할 의사가 있는 사람을 찾는 철저히 목적지향적인 행위에 가깝다.

현대 한국에서는 사랑이라는 소재가 그 어느 때보다도 뜨거운 인기를 누리며 소비되고 있다. 사랑이라는 관념이 없다면 지금의 한국 내 미디어 콘텐츠 중 최소 과반수는 존재할 수 없었을 것이다. 노래에서는 항상 낭만적인 사랑의 감정을 이야기한다. 매체에서는 사랑을 통해 현실의 모든 모순과 고통을 잊을 수 있음을 강조하고, 스크

린에서는 상대 없이는 살아갈 수 없는 절절한 사랑의 서사를 흔히 찾아볼 수 있다. 심지어는 리얼리티 예능 프로그램 중에서도 사랑을 소재삼은 콘텐츠가 상당한 비율을 차지한다. 이는 특히 젊은 층의 사고에 막대한 영향력을 행사한다.

계급 질서가 점차 공고화되고, 태생적인 계급을 넘어설 수 없다는 비관론이 한국 사회의 지배적 정서로 자리하면서 젊은 층은 발전을 모색하기보다는 적당히 가진 것에 만족하고 소소한 행복을 찾는 것에 보다 익숙해진다. 이런 사회적 분위기는 스스로를 성찰하고 주의를 환기시킬 수 있는 취미보다는 게임이나 먹방 등 강한 순간적 자극을 얻을 수 있는 취미가 득세하는 현상과도 무관하지 않다. 그중에서도 연애는 손닿기 쉬운 곳에 있으며 가장 많은 자극과 드라마를 제공하는 취미다.

사랑은 여자의 아편이다

현대 한국에서 사랑은 중세 유럽에서의 종교와 비견될 만한 지위를 차지하고 있다. 사회를 이루는 대부분의 사람들이 의심 없이 따르는 가치라는 점에서 사랑은 종교처럼 작용한다. 또한 불신자가 신앙 내의 모순과 문제를 지적했을 때 '타인의 신념을 존중하지 않는다'라는 비난이 터져 나오는 점도 비슷하다.

종교가 인민의 아편이라면 사랑은 여자의 아편이다. 사랑에 대한 팽배한 미신은 여성 일반에 더욱 편중된다. 사랑은 여성이 느끼는 고통을 즉각 경감시키고 즐거운 환상을 보여주면서 고통스러운 현실을 계속 살아갈 수 있도록 만든다. 때문에 사랑은 고통이 발생하는 근원을 인지하지 못하도록 만들어 구조적 억압과 폭력이 지속되도록 한다.

사회적으로 사랑은 모든 고통을 순식간에 해소할 수 있는 마법적인 장치처럼 묘사된다. 예를 들어 여성 일반에게 사회적으로 가해지는 가스라이팅과 이로 인한 집단적인 자기 불신의 문제는 '애정 결핍'이나 혹은 '자존감 부족'이라는 딱지를 달고 개인 단위로 격하된다. 구조적으로 발생한 집단적 문제의 해결은 결국 사랑을 받는 것 정도로 흐지부지하게 마무리된다.

그러나 사랑을 통해 일시적인 위안을 얻을 수 있더라도 문제 자체는 변하지 않는다. 고통과 부정적인 감정은 무언가 잘못되어 있다는 것을 알리는 경보장치다. 고통 자체를 누르고 감각을 마취하는 것은 일시적인 해결책에 불과하다. 감정과 고통의 흐름을 거꾸로 훑어 올라가며 근본적인 원인을 찾아 바꾸어야만 실질적인 변화가 가능해진다. 여성에 대한 구조적인 억압은 사회적인 문제로 발현될 뿐만 아니라 개인의 내면에 파고들어 인지 과정에 왜곡을 만든다. 그리고 문제의 해결은 타인이 아닌 스스로에 의해서만 가능하다.

사랑은 성별에 따라 다르게 정의된다

남성이 생각하는 사랑과 여성이 생각하는 사랑은 그 모습이 다르다. 창작자가 남성인 작품들에서 묘사되는 사랑과, 여성 창작자의 작품에서 묘사되는 사랑은 전혀 다른 양태를 보인다. 로맨스 속에서의 이상적 남성상은 여성 소비자의 욕구를 충족시키려는 목적의식을 충실히 반영한 창작물이다. 때문에 현실의 남성은 오히려 남성 소비자를 타겟 삼아 만들어진 누아르film noir에서 묘사되는 남성의 모습에 가까울 것이다.

로맨스에서 등장하는 캐릭터들은 사랑의 성패에 자신의 가치를 건다. 반면 누아르에서 묘사되는 남성은 통상적으로 사랑에 그만큼 절실하지 않으며 그보다는 자신의 가치질서에 따라 행동한다. 누아르 속의 남성에게 있어 사랑보다 우선시되는 가치는 수없이 많다. 남성 간의 의리, 정복욕, 성취욕 등이 대표적이다. 이는 사랑에 대해 각 성별이 서로 다른 기대를 갖고 있는 현실을 그대로 재현해 보여준다.

구조적인 권력 불평등은 개인 간의 관계 속까지 스며든다. 맨즈 시스템 속에서 여성 일반은 연인 관계에 더 많은 의미를 부여할 수밖에 없도록 만들어진다. 여성이 자아를 완전하게 실현하는 데에 있어 사랑은 필수적인 요소처럼 여겨진다. 각종 성역할 규범을 습득하고, 왕자에 의해 구원받는 동화 속 여성들을 비롯한 온갖 작고 사소한 장치들이 축적되면서 삶의 다채로운 가능성에 대한 우리의 상상력은 축소되고 제한된다.

평가받는 삶으로 인해 여성 일반은 자신의 가치를 정립함에 있어 타인의 인정과 애정을 필요로 하게 되며, 결국 여성과 남성은 관계에 서로 다른 무게를 부과한다. 맨즈 시스템의 시선에 따라 스스로의 가치를 매기는 습관은 지속적으로 애정과 관심을 보여줌으로써 자신의 가치를 확인시켜 줄 동반자를 필요로 하게 만든다. 이는 평가받는 삶을 살아가는 대상으로서 많은 여성에게 나타나는 현상으로, 평가의 주체인 남성 집단에는 대개 해당되지 않는다.

> *"남자에게 여자는 생활의 한 요소에 불과하지만,*
> *여자에게 남자는 생활의 전부이다.[9]"*

1949년 작성된 이 문장은 아직도 유효하다. 소위 독립적인 여성상이 규범적인 것으로 여겨지면서 사랑에 대한 환상과 믿음을 표면에 드러내는 여성은 찾아보기 어렵게 되었지만 그럼에도 수많은 여성들은 여전히 사랑이 그들을 구원할 것이라고 무의식 수준에서라도 믿고 있다. 우리는 사랑으로서 완전해지는 삶 외의 다른 삶을 추구하는

---

9   제2의 성, 보부아르

방법을 제안 받지 못했다. 여성 잡지에서는 남성의 마음을 사로잡는 법이라거나 미용에 대한 칼럼을 쉽게 찾아볼 수 있는 반면 남성 잡지에서는 시계나 차 등 스스로의 지위를 강조할 수 있는 요소들이 주로 다뤄진다.

사랑을 통해 무엇을 구하고 주려는지에 대해서는 성별 간의 합의가 이루어지지 않았다. 이상적인 사랑은 두 사람이 서로를 동등한 위치로 고려할 때에야 비로소 가능하다. 앞서 학습된 강자성과 약자성이 정체성으로부터 분리되기 어렵다고 이야기했던 것처럼, 여기서도 같은 원리가 적용된다. 체화된 권력 관계는 개인의 문제가 아닌 구조적 문제이며 결과적으로 이상적인 사랑은 실현될 수 없는 환상이다. 판매자가 주려는 것과, 구매자가 사려는 것이 일치하지 않기 때문에 일반적인 상거래였다면 이는 애초에 체결될 수 없었을 것이다.

사랑은 여성이 현실을 환상 속으로 끌어올림으로써 시스템에 위해를 끼치지 않도록 만들어진 판타지에 불과하다. 미디어에서 묘사된 사랑을 찾는 데에 당신의 에너지 상당수를 사용하는 건 전설 속의 도시를 찾아 세계를 떠도는 것과 별반 다르지 않다. 하인리히 슐리만은 호메로스가 저술한 신화를 믿고 그리스를 탐사해 결국 트로이를 발굴했다. 그 미약한 가능성을 좇아 환상을 현실의 영역으로 옮겨냄으로 그의 이름은 역사책에 기록되었지만 사랑의 판타지를 실현하는 건 여성 자신에게 실질적으로 어떤 이익도 제공하지 않는다.

관계에 대해 그들이 느끼는 무게 자체가 다르기 때문에 이러한 매커니즘 하에서 남성은 유리한 지위를 점한 채 게임에 참여하게 된다. 관계에 대한 절실함은 곧 상대의 행동에 대한 허용치를 크게 끌어올리며 맨즈 시스템의 영향으로 각자가 체화한 사회적 강자성과 약자성은 불공평한 관계 규칙으로 이어진다. 평가자로서의 위치를 활용해 상대의 가치를 폄하하면서 스스로의 강자성을 확인하는 남성의 모습은 주위에서 심심치 않게 찾아볼 수 있다. 심지어 소위 쿨하고 독립적인 여성상이 이상적인 모습으로 자리하면서 여성은 원하는 바를 직설적으로 요구하기조차 어려워졌다.

맨즈 시스템은 다양한 구조적인 원인으로 인한 정서적 공허감을 사랑의 결핍 때문이라 말하지만 이는 타인과의 관계로는 채워질 수 없는 개인적인 것이다. 맨즈 시스템에서는 우리가 사랑 대신 추구할 수 있는 대안을 제시한 적이 없으나 사랑 자체가 우리의 발전을 저해한다는 것을 깨닫는다면 답은 자연스럽게 그 모습을 드러낸다.

사람들은 흔히 사랑으로 괴로움을 잊어보려 하지만 사실 그들을 가장 괴롭히는 것이 바로 사랑이다. 어떻게 해야 더 아름다워지고, 더 매력적으로 보여 상대의 기준을 맞출 수 있을지 고민하면서 노력하는 건 그 자체가 만성적인 스트레스를 준다. 타인의 시선으로 자신을 재단함으로써 삶의 중심은 흔들리며 고통을 수반한다. 그 고통을 또다시 같은 자극을 통해 잊어보려는 중독적인 행위의 굴레에서 수많은 여성들은 고통을 받는다. 이런 고통은 소위 사랑 자체의 속성이라고 이야기되기도 하나 여성과 남성 간에는 분명 편차가 존재하며 평가받는 삶을 사는 여성들에게 이는 훨씬 큰 위협이 된다.

사랑은 본인 자신의 것이 아닌 타인과 맺은 관계의 영역에 속한다. 타인의 일시적인 감정이나 기분에 따라 달라지는 것이며 사랑을 받는 것은 자신을 채워주지 못한다. 결국 이는 모래 위에 성을 쌓는 것과 크게 다를 바가 없다. 결국 자신을 채우는 것은 본인의 손으로 만들어 낸 성취와 '할 수 있다'는 자기 효능의 감각이며 끝까지 당신의 편에 서 있는 건 당신 자신뿐이다.

자신과 자신을 둘러싼 환경을 바꾸고자 노력하는 것 또한 반드시 성공한다고 장담할 수 있는 건 아니다. 그러나 삶을 개선해 줄 안식처를 찾아 외부 세계를 끊임없이 탐색하는 것은 문제를 해결할 수 있는 직접적인 수단조차 아니며, 자신의 영역을 발굴하다 경험하는 실패는 다음번의 시도를 위한 발판이 된다.

손실의 위험이 큰 곳에 전 재산을 투자하는 건 최악의 투자전략이다. 타인은 우리의 통제 영역 바깥에 있지만 우리 자신은 스스로의 의도에 즉각 반응한다. 온전한 결과를 약속하는 투자 종목은 자기 자신밖에 없다. 그동안 관계에 소모했던 정신적 에너지를 모두 자신에게 돌림으로써 우리는 점점 삶 속에서 큰 차이를 볼 수 있게 된다.

상대의 기분과 호오를 살폈던 것처럼 자기 자신을 살피면서 당신이 어떤 때 행복을 느끼고, 어떤 것을 좋아하는지 천천히 알아내는 것이 첫 단계다. 이렇게 우리는 그동안 헤집어졌던 땅을 이후의 도약을 위해 단단히 다질 수 있게 된다.

결국 우리를 나아가게 하고 살아있는 느낌이 들도록 하는 건 타인과의 관계가 아니다. 애완동물처럼 아낌을 받고 애정을 받는다 해도 우리는 머릿속 한편에서는 어딘가가 비어 있다는 사실을 포착해낸다. 비어 있는 공간을 채우는 것은 진짜 삶의 감각이며 이는 오직 자신의 한계를 시험해 보고 영역을 넓히면서 스스로를 확장시킴으로써만 느낄 수 있다.

• 약자성에 대해

체화된 약자성

맨즈 시스템은 하나의 정치 체제이며, 이는 즉 일군의 사람들이 다른 사람들에게 지배를 받는, 권력으로 구조화된 관계와 배치로서 우리 사회의 근본적인 권력 개념을 형성한다[10]. 여성 일반은 맨즈 시스템의 불리한 구도로 인하여 권력을 불균등하게 분배받으며, 권력과 자본의 편향된 배치는 기울어진 권력 관계를 다시 생산해낸다. 본 파트에서 다룰 약자성은 여성에 대한 지배를 목적으로 반동 작용을 봉쇄하기 위해 주입된 신화의 산물이라 이야기할 수 있다. 지배 구조를 영속화시키기 위해 여성의 열등함을 증명하는 갖가지 신화와 종교적 계율들이 동원되었으며, 성적 기질과 문화적 특성 사이의 경계를 허물며 약자의 특성을 여성 고유의 것인 것처럼 묘사해왔다.

구조적인 권력 불균등은 권력과 힘에 대한 개인의 인상으로 이어진다. 여성 개인이 약자성을 내면화하도록 만드는 사회적 압력은 크게 두 가지 방식이 있다. 먼저 낙인찍기를 통한 행동 규제다. 약자성이 규범적 여성성으로 여겨지는 문화적 배경 속에서 자신의 지위를

---

10   성 정치학, 케이트 밀렛

망각한 것처럼 보이는 강한 여성은 사회적인 낙인이 찍힌다. 경직된 말투나 부드럽지 않은 태도를 보이는 남성은 별다른 평가를 받지 않지만 같은 행동을 보이는 여성은 기가 세다는 등의 평가를 통해 사방으로부터 행동 시정 명령을 받게 된다. 튀어나온 돌이 되지 않기 위해 여성은 약자성을 내면화해야 한다.

두 번째 방식은 위협이다. 맨즈 시스템 속에서 여성은 오직 성적 매력으로 그 가치가 매겨지며, 강자성을 가지려는 여성은 성애의 대상에서 제외된다는 위협을 받는다. 각종 미디어에서 등장하는 강한 여성은 사랑을 받지 못하는 것으로 묘사된다. 이렇게 맨즈 시스템은 자신의 가치를 성적 매력에 종속시킨 사람들을 을러댄다. 그렇게 여성 개인은 강자성을 원하지 않도록 교육받는다.

간혹 미디어에서 소위 강한 여성성을 보여주는 캐릭터로 분류되는 인물이 등장하더라도 한계는 분명하다. 대부분 이 또한 성애화되고 프레이밍된 '강한 여성'의 틀 안에 머물러 있으며 결국 맨즈 시스템이 설정한 선을 넘어 온전한 주체성을 보여주지 못한다.

영화나 소설 등에서 그려지는 인물들의 주체성을 눈여겨보면 여성 캐릭터와 남성 캐릭터 간의 차이가 드러난다. 묘사되는 여성 캐릭터가 다른 여성 캐릭터들과 비교했을 때 비교적 주체적이고 강한 편에 속한다 하더라도 인간 전체를 모집단으로 상정했을 때에는 간신히 중간 정도에 그친다. 남성과 비슷한 수준으로 자신의 권력을 강력하게 추구하는 여성 캐릭터는 애초에 미디어 안에 묘사되지 않는다. 모델 없이 완전히 새로운 삶의 방식을 개척하는 것은 극히 드문 일이며, 실제로 강력한 주체성을 갖고 권력을 추구하는 여성 집단이 존재하더라도 이를 보이지 않게 가려둠으로써 여성 전반은 제한된 틀을 넘는다는 상상조차 하지 못한 채 살아가게 된다.

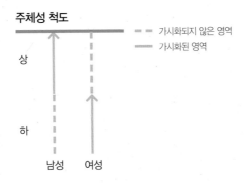

주체성 척도

- - - 가시화되지 않은 영역
── 가시화된 영역

상

하

남성　여성

　맨즈 시스템이 권력을 기존의 방식대로 자연스럽게 분배될 수 있게 유도하는 가장 효과적인 방식은 각 계층에 서로 다른 이상과 삶의 목표를 심어주는 것이다. 성공에도 성별이 있다. 여성적 성공과 남성적 성공은 서로 다른 구획으로 분리된다. 여아의 장래희망으로는 남아에게선 찾아보기 어려운 미스코리아나 아나운서, 교사와 같은 직업군이 흔히 이야기되며, 과학자나 대통령, 의사 등은 상대적으로 적은 수를 차지한다. 남성과 여성에게 서로 다른 이상과 목표를 심어

줌으로써 자연스럽게 사람들은 스스로의 성별에 따라 구획된 위치에 자발적으로 찾아간다.

맨즈 시스템은 남성에게는 권력의 쟁취와 전투를, 여성에게는 조화와 아름다움을 삶의 이상으로 제시한다. 결국 바깥 세계의 경계를 확장시키고 한계를 넓혀가는 진취적인 역할은 남성의 것으로 배분되었으며 여성은 보조자로서의 지위를 다시 한 번 낙점 받게 된다.

스며든 약자성은 어떤 방식으로 구현되는가

여성은 권력욕을 제한하도록 사회화되면서 약자로서의 지위가 마치 본래의 정체성인 것처럼 믿게 된다. 약자로서의 정체성은 여러 모습으로 발현된다. 먼저 권력을 원하지 않는다는 착각이다. 권력을 거부하도록 사회화되면 권력을 원하지 않는 것이 자신의 본성이며 개인적인 선호라는 잘못된 믿음을 갖게 된다. 이를 내면화한 사람들은 자신에게는 권력을 갖는 것보다 소소하고 일상적인 행복이 더 중요하다고 이야기하곤 한다. 그런데 여기서 이야기하는 행복은 권력과 공존할 수 없는 이원적 가치라는 점에 주목해야 한다. 반대로 기득권에게 있어 권력과 행복은 이처럼 서로 대립하지 않으며 오히려 권력을 가지는 것이 행복의 토대라는 생각이 주를 이룬다.

우리는 권력을 가져본 적이 없기 때문에 그 효용을 모른다. 효용을 모르기에 원하지 못한다. 이렇게 우리는 권력을 '원하지 않게' 된다.

가져본 자와 가져보지 못한 자의 평가는 같은 선상에 놓일 수 없다. 돈을 가져보지 못한 사람이 이야기하는 '행복에 돈은 필요치 않다'는 명제는 돈을 가져본 자의 말과 그 무게가 전혀 다르다. 여성이 힘과 권력은 필요하지 않다고 말하는 건 가져본 적 없는 가치를 부정하는 것과 다름없다.

더 많은 것을 원하지 않도록 사회화됨으로써 우리가 놓친 기회가 얼마나 많았을까. 우리는 그 정도에 만족하라는 지속적인 메시지를 깨고 더 많은 것을 욕망하고 거머쥐어야 한다. 집단으로서 여성이 더 많은 발언권을 쥐기 위해서도 권력이라는 자원의 재분배는 필수적이다. 권력을 쥔 여성 개인이 많아질수록 자연스럽게 사회는 여성에게 친화적인 방향으로 흘러가게 될 것이다.

두 번째로, 여성은 약자성을 체화하며 스스로에 대한 왜곡된 자아 상을 갖게 된다. 맨즈 시스템과 남성은 무소불위의 힘을 갖고 있으며 절대 그들을 이길 수 없을 것이라는 편견이 그것이다. 그러한 편견은 여성으로 하여금 자신을 실제보다 훨씬 왜소하고 축소된 모습으로 인지하도록 만들며, 결과적으로 그들의 믿음 그대로 제한된 능력만을 발휘할 수 있게 된다.

그러나 맨즈 시스템이나 그 속의 남성들이 갖고 있는 권력은 절대로 넘어설 수 없는 거대한 산이 아니다. 이는 다만 그들이 의도적으로 구획해놓은 인공적인 창조물에 불과하다. 여성은 절대로 싸움에서 남성을 이길 수 없다거나 혹은 범죄로부터 몸을 지키기 어려울 것이라는 통념은 실제로 우리에게서 싸울 힘을 앗아가고, 우리 자신이 실제로 할 수 있는 것이 무엇인지 고민조차 하지 못한 채 평생 모르고 살도록 만든다. 더불어 여성은 자신을 보호해 줄 보호자가 필요함을 절실히 느끼게 되어 남성 파트너를 찾고 의지하게 된다.

특히 여성의 신체적 능력은 부여받은 약자성으로 인해 큰 폭으로 약화된다. 여성은 절대 몸싸움에서 남성을 이길 수 없으며 만일 범죄의 대상이 된다면 기껏해야 도망치거나 소리를 지르는 것이 할 수 있는 선택지의 전부라는 건 맨즈 시스템의 오래된 신화다. 뉴스 등지에서는 필요 이상으로 여성 피해자의 공포를 집중적으로 조명하고 남성의 근력 우위를 강조한다. 이로써 우리는 인간은 누구나 피와 살로 이루어져 있으며 연약하고 보호받지 않는 곳이 있다는 명제를 간과하고 남성의 피부가 마치 갑각류와 같이 단단한 껍데기로 둘러싸여진 것처럼 여기게 된다.

이런 공포는 의도적으로 지나치게 과장되어 있다. 몸싸움에서 승리를 가를 수 있는 조건으로 이야기되는 건 체격에서의 차이보다도 성별이다. 예를 들어 유사한 키와 체격을 갖고 있는 여성과 남성이 누군가와 물리적으로 싸움을 벌였다는 이야기를 들을 때 사람들은 극명하게 다른 반응을 보인다. 여성의 경우에는 그를 애초에 피해자, 약자의 지위에 상정하여 다친 곳이 없는지를 살피고 심각한 걱정을 보이는 반면 유사한 체격을 가진 남성의 경우에는 사실 그들 간의 신체적인 차이가 크지 않음에도 다른 반응을 볼 수 있다. 유사한 체격을 가진 남성의 경우는 무언가 행동하고 대처할 수 있는 주체처럼 대우받는다. 이로 인해 종종 여성 운동 선수와 남성 일반인이 싸우게 된다면 누가 이길 것인지를 논하는 모습을 찾아볼 수 있게 된다.

피해자로서의 역할을 오랜 시간동안 학습하게 되면 우리는 할 수 있는 행동이 있더라도 행동할 수 없게 된다. 한 여성과 남성이 범죄 상황에 처한 것을 상상해 보자. 만일 범죄자 주위에 벽돌 등의 실생활에서 흔히 볼 수 있는 둔기가 있으며 이를 충분히 쓸 수 있다고 했을 때 여성은 이를 인지할 가능성과 실제로 사용할 가능성이 상대적으로 낮다. 스스로 무언가 행동할 수 있다는 것을 인지하지 못하도록 사회화되었기 때문이다.

호신술 수업은 보통 위험 상황에서 택할 수 있는 행동의 선택지를 알려주고, 연습을 통해 급박한 상황에서도 바로 행동할 수 있도록 교육하는 것이 목적이다. 또한 육체적인 싸움에 대처하는 방법은 물론 위험을 인지하는 법, 안전한 곳으로 이동하는 법, 당황하지 않고 스스로의 의사를 분명하게 표현하는 법 등을 교육함으로써 빼앗긴 여성의 신체적 자기 효능감을 수복하게 한다. 이는 신체적 충돌 상황에서의 무력감이 사회적으로 학습된 것임을 분명하게 드러낸다. 맨즈 시스템으로부터 교육받은 약자성을 스스로의 실제 모습으로부터 분리해냄으로써 우리는 본래의 능력을 제대로 활용할 수 있게 된다.

세 번째로, 여성은 세계의 실권을 다투는 싸움에서 배제됨으로써 권력에 대한 감각을 상실한다. 이는 여성과 남성의 성공이 각각 다른 구획으로 분리되었기 때문이다. 때문에 여성은 권력 관계를 맺고 이에 대처하는 법을 망각하게 된다.

우리는 규범적으로 여성에게 권장되는 특정한 행동 양식이 자신을 온전한 선택권을 가진 주체의 지위로부터 배제한다는 것을 인지하지 못하는 사람들을 종종 찾아볼 수 있다. 주위에서 쉽게 볼 수 있는 대표적인 경우로는 아이처럼 행동하면서 자신의 권위와 신뢰를 스스로 낮추는 경우다. 아이처럼 행동하는 여성은 흔히 귀엽다는 말을 듣곤 하며 본인 또한 이런 평을 그리 부담스럽지 않게 받아들인다. 그러나 이런 행동은 성인 남성에게선 찾아보기 매우 힘들다. 남성은 '귀엽다' 나 '예쁘다'는 칭찬에 이미 상대를 낮추어 보는 뉘앙스가 있음을 본능적으로 감지하여 이런 평가에 대부분 거부반응을 보인다.

약자성으로부터의 탈피

권력은 구획되고 재편되면서 끊임없이 떠돌아다니는 재화다. 어떤 사회에서건 지배층이 가장 두려워하는 것은 대중이 권력의 본질을 알아차리는 것이다. 권력이란 천부적으로 주어진 것이 아니라 다만 인공적으로 분배된 자원이며 언제든 권력의 분배 구조는 새로이 재편될 수 있다. 다시 말해 권력의 유동성은 약자로서 우리가 반드시 알고 염두에 두어야만 하는 원리다.

모든 문제 상황에서 가장 선행되어야 할 것은 상황을 객관적으로 판단하고 분석하는 작업이다. 문제의 근원과 양상을 파악한다면 상황에 대한 적절한 대처방법을 쉽게 찾아낼 수 있다. 이런 맥락에서 보았을 때 우리는 가장 먼저 여성 일반에 덧씌워져 있는 약자성의 원리와 영향력을 파악하고, 구조적 통찰을 기반으로 스스로를 점검함으로써 패배주의로부터 탈피해야 한다. 이는 여성으로 세계에 처음 태어났을 때부터 우리의 사지를 제약해왔던 그물을 벗어내는 작업이다. 그 후에는 권력에 대한 새로운 시각을 바탕으로 현실과 미래의 방향을 재편해야 한다. 권력이라는 재화를 어떻게 사용하고 모을 것인지 방법론적으로 접근해 우리 자신의 삶을 한층 더 높은 수준으로 끌어올려야 한다.

여기서도 가장 중요한 것은 현실에서의 실천이다. 앞서 말한 분석을 통해 정신적 영역에서 왜곡된 인지 구조의 모순을 꼬집어 헐겁게 만든 후, 현실에서 이를 실제로 시도하고 실험해 보면서 우리는 약자성의 신화를 완전히 부수고 탈출할 수 있게 된다. 또한 도출해낸 새로운 방법론을 개인적인 영역과 사회적인 영역 모두에서 적용해보는 작업은 그 자체로 흥미로운 사고 실험의 기회를 제공할 것이다. 그 효과를 지켜보고 처음의 이론을 수정해 다시 적용하면서, 우리는 실제로 우리 자신이 할 수 있는 일이 얼마나 무한한지를 깨닫게 된다. 이는 서론부에서 언급한 3단계로 이행하기 위한 필수적인 수순이다.

이러한 일련의 실험을 통해 우리는 외부의 자극에 대해 수동적으로 반응하면서 그 규칙에 따라가는 데에 그쳤던 기존의 모습에서 벗어날 수 있다. 이렇게 회복한 자아 효능감은 집단으로서 여성 전반에게도 큰 역할을 하게 된다. 여성 해방은 외부 규칙을 수정하는 것만으로는 반쪽에 그칠 뿐이다. 우리는 가장 개인적인 부분에서부터 스스로를 해방시켜야 한다.

힘의 규칙에 대해

개인 대 개인의 수준에서 권력 관계가 형성되는 데에는 다양한 요소가 작용하지만 그중에서도 가장 강한 영향을 끼치는 것은 자기 확신이다. 자신, 그리고 자신의 생각과 행동에 대한 믿음은 나이나 지위, 재력보다 더 큰 영향을 끼친다. 그리고 자기 확신은 맨즈 시스템으로부터 여성이 가장 많이 빼앗긴 것이다.

권력의 불균등한 분포로 인해 생겨난 지금의 규율과 규범들이 개인에게는 실제로 의미가 없다는 것을 알게 됨으로써 우리는 스스로를 재단하고 평가하는 습관을 멈출 수 있다. 그리고 이처럼 자신의 존재 방식 그대로에 확신을 가질 수 있게 되면서 우리는 오히려 맨즈 시스템 속에서 남성에게 주어지는 것보다도 훨씬 굳건한 자기 확신을 가질 수 있게 된다. 이것이 바로 서론에서 언급한 세 가지 단계가 삶 속에서의 페미니즘 구현과 긴밀한 연관을 맺는 이유다.

자신에 대한 확신은 스스로의 영역을 일시적으로 침해받더라도 다시 회복할 수 있는 탄력성의 근거가 된다. 어떤 것도 우리에게 주어진 적이 없으며 그래서 잃을 것 또한 없다는 자각은 자유롭게 그 모습을 바꾸는 자기 확신을 가능하게 한다. 팽팽하게 가장자리가 당겨진 천을 머릿속에 그려 보라. 그 위에 쇠구슬을 올리면 결국 가장 무거운 쇠구슬이 있는 쪽으로 모든 구슬이 쏠려 내려가게 된다. 개인 단위에서 권력은 이렇게 가장 단단하고 굳은 확신을 갖고 있는 사람에게로 집중된다.

집단 수준에서는 양상이 약간 다르게 흘러간다. 특정한 공통점을 가진 집단이 권력을 갖기 위해서 가장 중요한 것은 발언권이다. 이는 해당 집단 내에 속해 있는 구성원들이 쥐고 있는 권력의 총합체다. 유태인 학살이 다른 학살에 비해서도 더 크게 주목을 받고 있는 것은 그들이 다른 집단에 비해 더 많은 자본과 지위를 쥐고 있기 때문이다. 때문에 여성 개인의 성공은 곧 여성 전반의 권력 획득으로 이어지게 된다.

권력은 곧 세계를 자신의 시각대로 정의할 수 있는 힘이다. 권력이 통상적으로 생각되는 것보다 훨씬 유동적이며 자유롭게 흘러간다는 것을 깨달음으로써 우리는 개인 단위와 사회 단위 모두에서 힘의 관계를 재편할 수 있는 가장 중요한 토대를 다지게 된다. 또한 삶을 실제로 바꾸어 보는 작업을 통해 우리는 남성 전반과 맨즈 시스템, 그리고 세계 전체가 우리가 통제할 수 없는 두렵고 거대한 대상이라는 생각 또한 주입된 것에 불과했으며 우리 자신이 할 수 있는 것이 생각보다 많다는 것을 깨닫게 된다. 세계에 대한 기존의 주어진 관념을 태우고 그 재로 새로운 세계를 빚어내는 경험은 우리가 여성이기 때문에 가질 수 있는 우위다.

• 도덕에 대해; 지나치게 '착한' 우리들

도덕의 작동

도덕은 '~를 위해 ~해야 한다'의 형식으로 표현될 수 있는 당위 명제의 집합이다. 효도, 애국, 타인에 대한 배려 등의 관습적 문화 규범 전반이 여기에 속한다. 도덕은 절대적 선의 후광을 등 뒤에 두른 채 나타나지만 이 또한 사회의 권력 관계로부터 절대 혼자 동떨어져 존재하지 않는다. 설정되어 있는 도덕적 계율에는 특정한 방향성이 존재한다. 사람들의 머리 위에 걸려 있는 도덕의 현판에는 기득권의 통치가 원활히 지속될 수 있도록 은밀히 돕는 장치들이 숨겨져 있다.

도덕은 종교와 마찬가지로 궁극적인 선에 봉사한다는 만족감을 주어 사람들이 그 형성 원리에 의문을 품지 못하도록 한다. 그로써 도덕은 가장 위험하면서도 오래 잔존하는 억압의 기제로 기능하게 된다. 때문에 우리는 도덕의 빛에 감탄하기 이전에 도덕의 이행이 결과적으로 누구에게 이익을 주는지를 파악해야 한다.

이는 모든 도덕을 반대하고 도덕에서 말하는 행동 양식의 정반대를 지향하자는 제안은 아니다. 보통 숭고한 완전성을 지닌 것으로 간주되는 도덕이 이데올로기로부터 자유로울 수 없음을 인지하고, 자기 자신의 판단보다 도덕의 율법을 앞세우는 일을 방지하는 것이 이 파트의 목적이다.

우리는 지나치게 도덕적이다

사회적 약자의 위치에 처해 있는 사람은 규범에서 벗어났을 때 더 많은 압력과 비난에 노출된다. 위험 부담이 크기 때문에 여성은 남성에 비해 상대적으로 규범 내에 머무르는 비율이 높다. 많은 여성들은 이러한 보이지 않는 압력과 존엄성에 설득되어 도덕 과잉 상태에 빠진 채로 살아간다. 약자성과 마찬가지로 도덕은 정체성의 거푸집을 만들어 여성 일반에게 유사한 행동 양상을 출력해낸다.

도덕의 과잉은 다음의 현상들과 결합한다. 거절하는 것에 대한 두려움, 타인을 지나치게 배려해 자신보다 더 우선순위에 두는 습관, 사과하지 않아도 될 일에 대한 죄책감, 자기희생적인 삶. 도덕은 본인보다 다른 가치들을 우선시하는 여성 일반의 순위 전도와 결합해 여성이 자신의 본래 욕구를 외면하도록 만들어 만성적인 정서적 불편을 초래한다.

여성은 지나치게 도덕적이다. 규범의 선을 넘었을 때 견뎌야 하는 부담은 자연스럽게 여성이 문화 법칙을 준수하는 사고 습관을 깊이 습득하도록 유도한다. 여성에게 강요되는 공감 능력도 여기에 한 몫을 한다. 우리는 자신보다 타인을 존중하며 자기 자신에 대한 도덕을 지키는 것보다도 타인에 대한 도덕을 먼저 생각한다.

내면에 윤리 규범을 축적해 가는 과정 속에서 여성은 가장 먼저 타인의 위치에 스스로를 대입하는 법을 익히게 된다. 길리건의 저서

〈다른 목소리로〉에서는 도덕을 받아들이는 관점에서의 성별 간 격차를 엿볼 수 있다. 여기서 남성의 도덕은 절대 명제를 상황에 적용하는 정의의 도덕으로, 여성의 도덕은 배려의 윤리로 요약될 수 있다. 여성에게 도덕은 절대선을 기계적으로 상황에 대입하는 것이 아니라 상대의 정서적 필요를 고려해 개별적으로 적용되는 방식으로 작동한다.

이 지점에서 우리는 공감이 여성에게 제 2의 천성처럼 체화된 현실을 엿볼 수 있다. 타자와 상상력이라는 두 가지 준비물만 있다면 모든 준비가 마무리된다. 타인의 위치에 자신을 대입함으로써 여성은 윤리를 습득한다. 여기서 자기 자신은 타인보다 앞서 고려되지 않으며, 이는 명백히 권력 관계에서의 약자가 보이는 특성이다. 공감은 상대가 자신에 비해 더 많은 권력을 갖고 있을 때 더 쉽게 발현된다. 반대 또한 성립한다. 가정에 무관심한 남성 양육자가 어느 날 술에 취해 사온, 사이즈도 맞지 않는 아이의 옷이 평소의 무관심과 무책임을 모두 덮고 '그래도 마음만은 따뜻한 아버지'의 기억을 빚어내는 것처럼 말이다. 경영자를 생각하는 사원은 당연하게 받아들여지지만, 사원의 입장을 생각하는 경영자는 감사와 인정을 받게 된다.

우리는 지나치게 공감한다. 모든 사람에, 동물에, 사물에 공감한다. 여성의 공감능력이 높다는 것은 천성과 양육 간의 오랜 논쟁을 감안하고서도 여전히 여성이 처한 열악한 환경을 드러내어 보여주는 분명한 지표다. 한 번 겪어본 경험에 대해 사람들은 쉽게 상상력을 발휘한다. 여성이 모든 것에 공감할 수 있다는 건 어떤 아픔에도 우리가 유사한 상황을 쉽게 떠올릴 수 있다는 것을 보여준다. 부위 별로 잘려 팔려가는 동물에게 우리는 공감할 수 있다. 우리는 신체를 부위 별로 하나하나 구분지어 점수를 매기는 평가의 시선에 이미 익숙하다. 사창가의 빨간 불빛 아래서 상품 가치를 평가받는 성판매자들의 모습은 정육점의 고기로 자주 비유된다.

여성혐오는 가장 오래되었고 가장 널리 퍼져 있는 혐오다. 맨즈 시스템이 작용하는 실상 전 세계 범위의 모든 장소에서 이는 찌든 공기처럼 퍼져 있다. 그 결과로 이는 원래부터 그래 왔다는 말로 부인되기 가장 쉬운 현상으로 자리를 잡게 되었다. 문제를 제기해도 결국에는 사소한 문제로 폄하된다. 일반적으로 여성은 이 오랜 억압의 역사로 인해 자신의 만성적인 아픔을 인지하지 못하고 타자의 고통을 더 크게 인지하곤 한다. 좌절과 실패를 반복적으로 겪게 되면 외부 세계에 대한 기대치를 점차 줄여나가게 되며, 여성으로서 우리는 세계에 대한 기대치가 매우 낮게 설정되어 있다.

육체노동 등의 3D 직군에서 성별 간의 시각 차이는 분명하게 드러난다. 대부분이 남성 노동자로 이루어진 직군, 예를 들어 물류 배송, 건축, 대중교통 기사, 실외 청소, 아파트 경비원 등은 소위 '갑질'을 당하는 경우가 있을 경우 뉴스에서 대서특필되고 하나의 사회적 문제로서 주목받는다. 인터넷 뉴스의 댓글 란에는 그들의 노동에 대한 감사 인사로 가득하다.

반면 여성 노동자가 주를 이루는 급식 영양사, 실내 청소 등은 그 열악한 환경을 크게 주목받지도 못할뿐더러 여론에서도 큰 차이를 보인다. 모든 여성의 불편과 마찬가지로 이는 쉽게 개인적인 문제로 치환되며 노동 환경의 구조적 문제에서 생겨난 불합리는 주목받지 못한다. 여초 직군과 남초 직군 간의 임금 격차는 3D 업종에서도 심각한 수준으로 남아 있다. 그러나 이는 굳이 찾아보지 않는다면 알수 없는 정보다.

그럼에도 여전히 여성들은 공감한다. 남성 장애인이나 남성 동성애자 등 소수자 진영 내의 여성 혐오에 대한 논의가 이루어지지 않았던 것 또한 동일한 맥락이다. 우리는 타인의 고통을 자신의 고통보다도 더 쉽게 받아들인다.

공감하는 사람들은 대개 다른 사람들도 마찬가지로 타인에게 공감할 것이라는 기대를 갖는다. 때문에 여성은 남성 집단도 유사한 공감적 사고를 갖고 살아갈 것으로 기대하지만, 앞서 언급한 3D 업종이나 남성 소수자의 경우를 보면 알 수 있듯 공감은 명백히 여성에게 편중되어 있다. 치우쳐진 도덕은 여성이 족쇄를 단 채 느리고 힘겹게 나아가도록 만든다.

개인 단위에서 도덕은 어떻게 작용하는가

과잉 도덕은 여성에게 죄책감을 씌운다. 도덕은 절대선이라는 환상을 통해 여성 개인이 자기 자신이 어딘가 잘못되어 있다는 인식을 갖게 만든다. 자기 자신보다도 도덕을 앞세워 생각하면서 여성 개인은 스스로의 비도덕을 검열하며 죄의식과 수치를 느낀다. 분노를 외부보다 내부로 표출하는 굴절된 감정과 맞물려 이는 심각한 경우 자해 등의 자기 파괴적 행동으로 표출될 수 있으며 경미한 경우에도 자기혐오를 불러일으킨다.

책임과 각종 강박은 도덕으로 인한 또 다른 부작용이다. 남성이 여성보다 도전적인 성향이 강하게 드러나는 것은 일반적으로 남성이 무언가를 시도하는 데에 있어 기준점과 심리적 장벽이 낮기 때문에 가능하다. 완벽주의에 대한 강박은 시도에도 일종의 자격이 필요하고 무엇이든 준비가 된 후에야 비로소 시작할 수 있다는 생각에서 시작된다. 여성 혐오적인 발언을 망설임 없이 뱉는 성차별주의자와의 토론에서도 여성들은 완벽하게 정의롭고 합리적인 반박을 해야 한다는 무거운 압박에 시달린다. 또한 페미니스트로서 사상과 완벽하게 일치하는 사생활과 인성을 갖추어야 한다는 강박은 물론이다.

맨즈 시스템의 도덕 속에서 여성은 자신에게 행해진 불합리를 수도 없이 용서한다. 그러나 '용서하라'고 종용하는 사람들은 대개 용서하지 않을 선택권이 없는 사람들이다. 스스로가 납득하지 못한 상태에서의 용서는 불만과 갑갑함을 남길 뿐이지만 우리는 그런 상황에 익숙하다.

도덕으로 인해 여성 일반은 자신의 욕구를 솔직하게 드러내는 데에 거부감과 불안을 느끼게 된다. 샌드버그의 〈린 인〉에서도 유사한 현상이 서술된다. 여성은 자기 자신의 이익을 위해 이야기할 때보다 타인의 이익을 위해 나설 때 보다 당당하게 의견을 주장할 수 있으며, 주위의 인식 또한 그 경우에 보다 호의적이다. 그러나 정당한 권리를 주장할 수 있는 개별적인 주체로서 우리는 홀로 있을 때에도 스스로의 울타리를 지킬 수 있어야 한다.

강요된 공감으로 여성들은 심지어 피해 상황에서조차 가해자의 입장을 이해하면서 용서를 시도한다. 가해자가 그들에게 기본적인 수준의 공감을 보였더라면 발생하지 않았을 것이 분명한 피해 상황에서조차 말이다. 이는 바꿀 수 없을 것처럼 보이는 현실에서 느끼는 불만을 도덕이라는 이름으로 잊어버리기 위한 방어 기제이기도 하다. 상대를 용서한다는 생각은 현실을 바꾸기 위해 아무런 행동도 하지 않을 좋은 핑계다. 노예는 주인을 용서할 수 없으며, 이런 상황에서의 용서는 더 오랫동안 고문을 수용하겠다는 의사 표현과 다를 바 없다.

복수는 자신에 대한 도덕을 지킬 수 있는 정당한 행동이다. 사회는 우리에게 복수란 부질없는 자기 파괴일 뿐이라고 말하지만 현실은 정반대다. 복수는 용서하는 약자의 프레임으로부터 자신을 해방시킬수 있도록 만들어 억눌려 있던 자기 효능감을 되찾을 수 있도록 만든다. 또한 착취당하고 있는 상황에서 행해지는 복수는 타인에 대한 무차별적인 공격이 아니라 현실을 변화시킬 수 있는 방법이다.

맨즈 시스템이 우리에게 요구하는 도덕과 자기 자신에 대한 도덕은 공존할 수 없다. 평생을 그 속에서 살아온 많은 여성들은 기존의 도덕으로부터 스스로를 분리해내는 데에 어려움을 느낄 수 있다. 첫 단계에서는 타인을 생각하고 배려했듯 자기 자신을 배려해 보는 연습이 사고 과정의 변화에 도움이 될 것이다.

'친구나 가족에게도 지금 내가 나 자신을 대하듯 행동했을까?'라는 생각으로 행동을 객관적으로 관찰해라. 예를 들어 이는 밥을 거르거나 미루는 등의 습관을 고치는 데에도 도움이 될 수 있다. 지인과의 식사 약속이나 미팅 일정 등을 어기지 않으려 애쓰는 것처럼 자신과의 약속 또한 같은 무게를 두고 생각하는 연습을 해야 한다. 이는 학습된 배려 윤리를 역으로 활용하는 것이다. 자기 자신을 남처럼 보는 실험은 습관적으로 자신에 대한 가치를 존중하지 않는 행동을 하고 있었다는 사실을 알아차리게 한다.

그러나 궁극적으로 우리가 지향해야 할 곳은 타자로서 자신을 인식해야만 비로소 존중할 수 있는 수준을 넘어서 자신을 모든 판단의 최우선 순위에 두는 사고관이다. 오직 자신만을 중심에 둠으로써 우리는 오히려 건강하게 관계를 맺을 수 있게 된다. 맨즈 시스템에서 여성에게 학습시키는 도덕은 기대만큼의 선한 결과를 낳지 않는 기형적인 피지배성에 불과하다. 이상으로서 사람들이 그리는 도덕 또한 여성이 스스로의 기반을 탄탄히 다진 후에 타인을 지지하고 밀어줄 때에나 가능한 것이며, 자기 확신이 결핍되어 있는 많은 여성의 경우에는 이는 어떤 영역에서건 부정적인 결과로 이어지게 된다.

• 외로움에 대해

현대 사회는 외로움이라는 이름으로 수없이 많은 감정을 한데 포괄한다. 점점 사회의 틀에 맞춰가면서 의식의 수면 아래로 가라앉은 자아실현의 욕구라거나, 성차별적 구조에 만성적으로 노출됨으로써 생겨난 피로, 욕망을 억누르는 데에서 오는 심리적 결핍 등의 다양한 정서적 문제는 외로움이라는 이름으로 뭉뚱그려진다. 외로움에 대한 해결책은 오로지 '누군가와 함께 있는 것'으로서만 제시된다. 때문에 외로움이라는 감정 자체에만 집중한다면 오히려 계속 외로움을 느낄 수밖에 없다.

맨즈 시스템 속에서 여성은 남성보다 외로움에 취약하다. 남성은 일반적으로 스스로의 성취에 보다 집중한다. 고통의 원인을 직접적으로 대면하진 않더라도 최소한 행동을 통해 그들이 처한 현실을 일부라도 변화시키게 된다. 그 과정에서 스트레스가 아닌 다른 성취에 집중하고, 행동을 통해 현실을 바꿈으로써 외로움을 일부라도 경감할 수 있다. 반면 자식이나 남편에게 자아를 의탁하는 수많은 여성 주부들의 실례처럼, 많은 여성들은 스스로 세계를 헤쳐 나갈 수 있다는 감각 자체를 상실한다. 많은 여성의 자아는 타인에게 의탁된 채다. 관계에 집중해 외로움을 해소하려 애쓰면서 여성은 외로움에 더 취약해진다.

어떤 인간도 서로를 완전히 이해할 수 없다

이처럼 타인과의 관계를 통해 외로움을 해소하려는 것은 인간관계에 대한 착각에서 시작된다. 나를 이해해 줄 사람이 어디엔가 존재할 거라는 생각이 그것이다. 이런 착각을 바탕으로 사람들은 끊임없이 정착할 곳을 찾거나 타인의 이해를 기대하게 된다. 그러나 어떤 인간도 다른 인간을 완전히 이해할 수 없다. 이에 따르는 또 다른 부작용은 정신을 상처에 취약하게 만든다는 점이다. 상대가 자신을 이해해 줄 거라는 기대가 어긋날 경우 사람들은 더 큰 외로움을 느낀다.

모든 인간은 완전히 개별적인 세계를 살아간다. 두 사람이 같은 영화를 보고 나오더라도 그들은 완전히 다른 것을 보고 느낀다. 그들이 본 영화를 같은 영화라고 할 수 있을까. 세계는 사람들의 수만큼 존재한다.

우리는 어느 누구도 서로를 완벽하게 이해할 수 없다는 것을 인정해야 한다. 지금은 서로 동반자로서 끝까지 함께할 수 있을 거라는 느낌이 드는 사람도 언젠가 길이 갈리게 된다. 인간은 변화 자체로 규정되며 일시적으로 함께하고 있더라도 이후 다른 방향으로 분화하게 된다면 길은 갈라진다.

언젠가 갈라질 수도 있다는 걸 알고 서로를 대하는 것은 배신도 기만도 아니다. 인간의 한계를 인정하고 받아들이는 것은 동화가 사실은 허구였음을 깨달으면서 아이가 어른으로 성장하는 것과 비슷하다. 서로에 대한 과장된 기대치를 현실과 비슷한 수준으로 축소시키면서 우리는 건강한 개인주의자로서 서로와 관계할 수 있게 된다. 개인주의라는 단어는 종종 사람에게 무관심한 태도를 갖는다는 부정적 의미로 사용되지만, 건강한 개인주의는 서로의 영역이 겹치지 않을 수 있음을 인정하고 존중하는 것이며 결과적으로 더 많은 교류와 교감을 가능하게 한다.

외로움과 인간관계

외로울 때의 관계는 오히려 많은 경우 상황을 악화시킨다. 외로움은 내적 에너지가 고갈되어 있다는 증거다. 그리고 정신적인 에너지의 고갈은 곧 자아의 토대를 갉아먹어 중심을 흔들고 위태롭게 만든다. 스스로의 내적 자원이 심각하게 고갈되어 있는 상태에서 타인과의 관계를 통해 외로움을 해소하려는 것은 결국 본인의 중심을 더 흔들리게 만들어 상황을 최악으로 치닫게 한다. 외로운 상태에서 지속적으로 사람을 만나는 건 말라가고 있는 우물에서 물을 퍼 올리는 행동으로 비유할 수 있다.

관계의 부재로 인한 외로움은 많은 경우 사회로부터 주입된다. 공동체주의적인 문화가 강한 한국에서는 특히 이런 경향이 강하게 나타난다. 미디어에서는 인간은 함께일 때 행복하다는 전제를 바탕으로 단독자로서 존재하는 사람을 깎아내린다. 우리는 주변에서 누군가를 좋아하기 때문에 연애를 하는 것이 아니라 그저 연애 자체를 역할놀이처럼 수행하고 싶어 하는 사람을 흔하게 찾아볼 수 있다. 이 사회는 홀로 살아가는 법을 알려주지 않는다. 타인과 함께인 상황을 기본형으로 상정함으로써 사람들은 계속 누군가와 함께인 것을 표준으로 생각하게 된다. 때문에 혼자인 상태를 무언가 잘못된 것으로 여기면서 지속적으로 타인을 찾게 된다.

외로움을 느낄 때 이를 해결할 수 있는 건 결국 타인과의 관계가 아니다. 앞서 말했듯 외로움은 현 상태에서 무언가 잘못되어 있고 결핍되어 있다는 지표이다. 외로울 때일수록 우리는 본인이 어떤 문제를 겪고 있는지 섬세하게 파고들어가야 한다. 그 과정에서 홀로 지내면서 외부 자극으로부터 분리된 자신을 파악하는 단계는 필수적이다. 외로울 때일수록 우리는 취약한 자신을 외부로부터 지켜야 한다. 우울한 것보다 더 나쁜 것은 자기 자신의 중심을 잃고 흔들리는 상태다. 중심이 흔들리는 상태는 일시적인 감정의 기복보다도 회복되는 데에 더 많은 시간을 필요로 한다.

외로움은 현재 온 힘을 다해 즐길 수 있는 목표나 가치가 존재하지 않는 상태임을 의미할 뿐이며 타인과 관계를 맺는 것은 외로움의 해결책이 아니다.

고독은 필연적이다

외로움은 다양한 문제를 하나의 이름으로 묶는 사회화된 감정이다. 그러나 고독은 존재한다. 그리고 필연적이다. 나는 이 고독의 감정을 수술실에서 느끼는 감정으로 자주 비유한다. 수술을 준비하는 과정에서는 계속 누군가와 함께였더라도 결국 수술실 안에 들어갔을 때 우리는 완전히 혼자다.

고독은 어린 시절 낮잠을 자고 일어나 가족들은 다 외출해 있고 집 안이 완전한 적막과 고요에 가라앉아 있을 때 느껴지는 투명하고 맑은 감각이다. 통상적인 생각과는 달리 고독은 반드시 사무치는 아픔을 동반하는 건 아니다. 고독은 그저 완전한 홀로됨을 의미할 뿐이다. 오직 자신만이 스스로의 근원이자 원천임을 깨닫는 것과 고독은 실상 같은 의미다. 이렇게 자신의 세계를 만들어가는 사람은 외로움을 느낄 새가 없다. 그의 모든 행동은 스스로와 충실하게 관계를 맺고 있으며, 고요하게 자신 속으로 침잠하는 시간을 바탕으로 그는 자신을 더 충실하게 알게 된다.

고독은 누구나 살면서 느낄 수밖에 없는 감정이다. 타인은 우리의 모든 순간을 함께할 수 없다. 만일 매 순간을 같이하더라도 우리는 결국 수술실에 들어갈 때는 혼자일 수밖에 없으며 마찬가지로 죽음을 맞이할 때 우리는 철저히 혼자 그 길을 가야 한다. 고독이 삶에서 불가피하다는 것을 깨달음으로써 우리는 인간관계에 대한 집착과 의존에서 벗어날 수 있다.

우리는 고독을 값싼 외로움으로 교환하지 않아야 한다. 충만한 홀로됨은 거대한 우주 속에서 우리가 다른 피조물과 다를 바 없는 작은 구성물임을 느낄 수 있게 한다. 홀로됨을 긍정하고, 타인과의 관계는 긴 여로에서 잠시 함께 걸어갈 사람을 마주한 것일 뿐이라는 걸 깨달음으로써 우리는 고독을 그 자체로 받아들일 수 있게 된다.

맨즈 시스템 속에서의 고독

1단계에서 2단계로 넘어가면서 맨즈 시스템의 모순을 철저하게 인지하는 과정에서 사람들은 사회로부터 버림받은 듯한 비참함과 외로움, 그리고 해소되지 않는 분노를 느끼곤 한다. 이는 맨즈 시스템을 기반으로 구획된 사회를 완전히 버리지 못하고 여전히 그 안에 속하고 싶다는 감정이 남아있기 때문이다. 그러나 그 속에서 우리는 절대 행복할 수 없으며, 맨즈 시스템은 우리의 손에 달래듯 사탕을 쥐어주면서 버티라고 채근할 뿐이다. 맨즈 시스템의 무용함을 철저하게 깨닫고, 홀로되는 것이 오히려 하나의 축복이라는 것을 인지하면서 우리는 세계를 새로 쌓을 수 있게 된다.

그러나 부정적인 감정에 가득할 때의 홀로됨은 때로 위험할 수 있다. 맨즈 시스템의 모순을 인지한 사람의 삶은 때로 그를 닮게 만든다. 그때 우리를 살리는 것은 확신할 수 없는 타인과의 관계가 아니라 오히려 외부의 자극을 더욱 차단하고 더 깊은 내면으로 침잠하는 기술이다. 그 방식은 사람마다 다를 것이다. 그림이나 음악 등의 예술을 통해 우리는 정제된 아름다움을 느끼고, 언어로서 포착되어 오염되기 이전의 힘 자체를 감각할 수 있다. 운동을 하면서는 스스로의 신체의 움직임에 집중하고 현 순간 자체에 모든 자아를 위치시키는 법을 배울 수 있다. 또는 명상을 통해 자아로부터 외부의 불필요한 불순물들을 제거하고 온전히 자기 자신이 되는 법을 익힐 수 있다. 오직 자신으로 존재할 수 있도록 우리를 뒷받침하는 이런 기술들은 일상에서의 스트레스를 해소하고 자신 안으로 침잠할 수 있게 한다.

기존의 규범을 거부하고 맨즈 시스템과의 전면전을 선포한 사람들은 어디에서건 철저한 이방인으로 살아가게 된다. 맨즈 시스템 속에 머무르고 있는 사람들은 우리의 외부자성을 매 순간마다 시선으로, 말로 드러낸다. 그러나 이방인이 된 우리는 아무런 제약도 없이 자유롭게 살아갈 수 있다. 법과 관습은 그 사회에 자발적으로 속해 있는 사람들에게만 통용되기 때문에. 오히려 맨즈 시스템을 전면으로 거부함으로써 우리는 그전까지는 누리지 못했던 수준의 자유를 느낄 수 있다.

성공으로 향하는 길목에서 우리는 고독을 필요로 한다. 고독 없는 성공은 없다. 스스로 정말 원하는 바를 거머쥐기 위해서는 모든 삶의 순간을 한 방향으로 집중하는 법을 배워야 한다. 그 과정에서 고독은 당연하다. 그렇게 한 데 모여 있는 당신의 통합된 자아 속에는 타인이 스며들 자리가 없다.

고독은 건강한 개인주의자로서 살아갈 수 있는 심리적인 토대다. 모든 인간관계는 서로에 대한 거래를 기반으로 한다. 심리적 지지 또한 마찬가지로 거래 안에서 하나의 자원이다. 모든 사람은 배울 바가 있거나 공통된 부분이 있다고 생각하는 사람과 관계를 맺는다. 이렇게 건강한 개인주의자로서 서로 주고받을 수 있는 것만을 교환하는 건 고독을 통해 얻을 수 있는 변화다.

• 우울과 정신병리에 대해

맨즈 시스템 속에서 여성은 어떤 감정을 느끼는가

가부장제로 인해 여성들은 자기 확신을 빼앗긴 채로 살아간다. 무엇을 하더라도 확신을 갖지 못하기 때문에 정서적으로 매우 취약한 상태에 놓이기 쉽다. 이는 곧 자아의 파편화를 의미한다. 자신에게 깊은 확신을 갖지 못하는 상태는 자신의 통제권을 누구나 가져갈 수 있도록 전시해 두는 것을 의미한다. 연애를 포함한 인간관계 전반에서 이처럼 자아가 통일되지 않은 상태는 쉽게 타인에게 발각되고 이용당한다. 이런 경험들이 축적되면서 여성은 관계로 인한 정서적 불안의 위험에 자주 노출된다.

또한 맨즈 시스템 속에서 여성은 부정적인 감정을 표출하는 법을 망각하도록 사회화된다. 분노의 경우는 특히 그렇다. 웃으면서 상황을 넘기는 것을 이상적인 여성성으로 규정하는 맨즈 시스템 속에서 여성은 화를 내지 않고 모두가 기분 좋을 수 있는 방식으로 문제를 해결하도록 종용받는다. 이는 대개 당사자들이 서로의 이해를 공정하게 양보하는 것이 아니라 여성이 자신의 것을 포기하는 방식으로 이루어진다. 이렇게 행동하는 것에 익숙해지면서 결국 많은 사람들은 화를 내야 할 상황에서도 화를 내지 못하게 된다. 이는 약자성의 학습과도 무관하지 않다. 그러나 상황을 대강 모면했다 하더라도 분노 자체는 남아있으며 이는 여성 개인의 내면으로 향한다. 이는 각종 정신 병리에 대한 취약성을 키운다.

분노의 굴절은 학습된 패배주의와 무관하지 않다. 맨즈 시스템 속에서 살아가는 여성들은 패배를 학습한다. 싸워보기 전부터 권력 관계는 이미 구획되어 있으며 그들의 규범 속에서 발버둥을 치더라도 결국 현실을 완전히 개선할 수는 없다고 믿게 된다.

짜증과 분노의 차이는 상황에 대한 통제감이 없을 때 감정이 어떻게 흘러가는지를 보여준다. 짜증은 현 상황에 불만을 갖고 있지만 이를 바꿀 수 없거나, 혹은 그럴 수 없다고 생각할 때 드는 감정이다. 즉 짜증은 현실을 바꾸지 못하지만 감정 자체는 흘러나올 때 발현된다. 반면 분노는 상황에 대한 직접적인 반응이라는 점에서 짜증과 차이를 보인다. 분노를 그 대상에 적절히 표현하지 못하는 것은 곧 문제 상황을 직접 대면해 처리할 수 있을 거라는 효능감이 결핍되어 있다는 방증이다.

이렇게 여성은 맨즈 시스템 속에서 진정 원하는 욕구를 외면하도록 사회화된다. 우리의 첫 번째 선택과 바람은 사회의 지침, 그리고 소위 합리적인 선택에 깎여 나가고 방향이 뒤틀린다. 그렇게 여성의 삶은 가짜 목표들로 점철되고 본래의 목적을 상실하곤 목적지 없이 표류하게 된다. 목적 없는 삶은 생명력을 상실하고 축 늘어진다. 이러한 무력감은 우울증을 유발하는 원인이자 증세다.

맨즈 시스템의 구조를 외면한 채 살아가는 것은 눈을 가린 채로 벼랑 주위를 걷는 것과 같다. 이번에도 운이 따를지는 아무도 알 수 없다. 언제 발목을 잡혀 고통의 굴레 속에 갇히게 될지 모른다. 성별은 우리의 인생에 흔히 생각하는 것보다도 더 많은 불운을 야기한다. 성폭력이나 성희롱의 위험은 아무도 예상할 수 없으며, 잘못된 연애 상대나 항상 외모를 지적하는 직장 동료를 만나 만성적인 자기혐오에 시달리게 되는 것 또한 흔한 일이다. 맨즈 시스템의 기제를 이해하지 못한 상태에서는 심지어 피해 사실조차 인지하지 못한다. 무엇을 빼앗긴지도 모른 채로 계속 겪어야 하는 결핍은 여성을 원인 모를 우울이나 자기혐오 등의 상태로 빠트릴 위험을 항상 내포한다.

2단계에 속해 있는 여성들 또한 다른 방식으로 고통 받는다. 시스템의 모순을 직시하기로 결정한 여성들에게 이 세계는 끝도 없는 고문이다. 믿고 살아왔던 세계의 구획을 완전히 부수지 않고서는 맨즈 시스템으로부터 완전히 벗어날 수 없기 때문이다. 기존의 규율로부터 스스로를 해방시키지 못한다면 가부장제와의 싸움에서 이길 수 없을 것 같다는 좌절감이나 빼앗긴 권력에 대한 상실감에서 벗어날 수 없다.

정신 병리에 대한 유전적 취약성 없이 태어난 사람 또한 맨즈 시스템 속에서는 이에 빠질 가능성이 농후하며, 유전적 취약성을 갖고 태어난 사람은 이로 인해 실제 질환으로 발현될 가능성이 더 높아진다.

이처럼 수많은 정신 병리에 취약해지는 건 약자로서의 지위를 평생토록 감내해야 하는 데에서 비롯한다. 그러나 이는 다만 인지하기 전까지의 상태일 뿐이며, 그동안 스스로에게 그물이 씌워져 있었음을 아는 것만으로도 우리는 해방의 첫 단계를 밟게 된다. 그 그물은 실재하는 것이 아니라 머릿속에서 만들어진 허구이기 때문이다.

구체적인 양상을 살펴보기 위해 여기서는 소설 〈피아노 치는 여자〉에서 묘사된 인물들을 살펴보고자 한다. 이는 엘프리데 옐리네크의 소설로 가부장제 속에서 여성이 자신을 학대하게 되는 양상을 낱낱이 보여주는 교과서적인 책이다. 이 소설에서 재현되는 구체화된 현실을 보면서 역으로 가부장제의 작동 방식을 유추해낼 수 있다는 점에서도 유용하다.

책에서 등장하는 주요 인물은 주인공 에리카, 어머니, 그리고 에리카의 남제자 클레머다. 에리카는 어머니와 살고 있는 삼십대의 피아노 선생이다. 그의 아버지는 죽은 지 오래다.

소설 속에서 어머니와 에리카는 외부 세계로부터 단절되어 있는 외딴 섬이다. 어머니는 에리카에게 스스로의 이상을 강요하면서 내면의 공허를 채우려 한다. 절약, 고상한 취향, 피아니스트가 되라는 삶의 목표 등 어머니는 에리카의 삶의 모습 자체를 구획한다. 그렇게 어머니의 결핍은 딸에게로 유전된다.

여기서 어머니는 에리카에게 억압을 전달하는 가해자이면서 동시에 맨즈 시스템의 피해자이기도 하다. 중년 여성으로서 그는 자신의 자아를 세계 속에 실현하고 펼칠 수 있는 수단은 자식의 성공이 유일하다고 생각하게 되며, 이는 에리카에 대한 강박으로 이어진다. 그가 스스로 행동할 수 있는 반경이 제한되어 있기 때문에 어머니는 자신의 삶을 에리카에게 전가하여 에리카를 자신의 대리자로 살아가게 만든다. 소설 속에서 구체적으로 묘사되지는 않았으나, 에리카의 어머니 또한 결혼을 변화 가득한 삶이 끝나는 지점이라고 생각하도록 만들어졌을 거라 추측할 수 있다.

이는 지금의 한국에서도 흔히 관찰할 수 있는 경우이다. 이 사회는 여성이 자신의 가치를 결정하는 요인 중 스스로의 성취보다도 성적 매력자본과 남성 배우자 그리고 자식의 성공이 더 중요한 것처럼 착각하도록 유도한다. 그렇게 수많은 여성들의 삶은 자기 자신의 구역이 아닌 타인의 영역에서 이루어진다. 자식에게 올바른 길을 강요하고 그들의 삶의 영역을 침범하는 소위 극성 어머니는 이런 배경에서 탄생한다. 자아를 실현하고 무언가를 성취해내려는 욕구가 구획된 틀 안에 굳게 가두어지면서 억눌린 욕망은 결국 다른 배출구로 방출된다.

스스로가 추구하는 가치가 옳다고 굳게 믿는 어머니의 모습에서 우리는 그가 맨즈 시스템에서 요구하는 삶의 가치에 전면적으로 의심을 제기해 본 적이 없다는 것을 알 수 있다. 틀을 인지하지 못함으로 인해 피해는 더 심각해진다. 소설 속의 어머니는 맨즈 시스템의 해악을 인지하지 못하거나 혹은 외면하고 순응하는 것이 여성의 정신을 어떤 방식으로 뒤트는지를 보여준다.

어머니의 억눌린 욕망은 에리카의 삶을 피아니스트라는 단 한 가지 목적지로 향하는 곧고 인공적인 길로 만든다. 목적지를 향하는 길에서 불필요한 요소라고 어머니가 판단한 것들, 예를 들어 친구와의 교류라거나 재미만을 위한 유희, 치장 등은 에리카의 삶으로부터 깔끔하게 절단되어 떨어져 나간다. 대입 콘서트에서 실패한 후 에리카는 전공을 피아노 교육으로 바꾸게 되지만 어머니의 강압은 여전하다. 그렇게 그는 통상적으로 밟아 가는 삶의 발전 단계들을 거치지 못한 채 나이만 든 어른이 된다.

에리카만큼 부모로부터 깔끔하게 구획된 삶만을 배정받은 경우는 흔하지 않을 테지만 그 양상만큼은 주목할 만하다. 에리카는 다채롭게 뻗어나가야 했을 욕구를 모두 가지치기 당한다. 그리고 마치 분재처럼 오직 허용된 범위 내에서만 살아가게 된다. 결국 그의 삶은 정해진 구획 너머로 뻗어나가지 못하며, 그런 에리카의 모습은 맨즈 시스템이 그어 둔 영역 안에서만 삶을 '안정적으로' 이어가는 많은 여성들의 모습과 겹쳐 보인다. 주어진 임무를 완수하고 그 대가로 주어지는 작은 먹이를 나눠받는 것은 노예의 삶이며, 이에 익숙해지는 것은 스스로의 뜻대로 행동해 외부 세계를 바꿀 수 있다는 믿음을 고갈시켜 맨즈 시스템의 여성 파괴적 메시지를 저항 없이 흡수하도록 한다.

에리카의 표출할 데 없는 욕구는 폐쇄된 삶의 회로 속에서 돌고 돈다. 외부 세계와의 접촉으로부터 단절된 그 또한 맨즈 시스템으로부터 자유롭지 못하다. 에리카 또한 성적 매력을 기준으로 여성의 가치를 책정하는 사회의 시선을 알아차리고 있다. 때문에 그는 노출이 많은 옷을 사고 치장을 하면서 그 또한 대상물이 될 수 있기를 바란다. 이런 에리카의 모습에서는 자신을 수동적 대상물로서 생각하는 데에 익숙해진 많은 사람들의 모습이 엿보인다.

에리카는 스스로를 성적 대상물의 위치에서 생각하는 데에 익숙하다. 제자 이상의 관계를 바라고 접근해온 클레머에게 에리카는 자신을 가학적으로 대해 달라고 요구한다. 그러나 그의 마음 한편에서는 클레머가 자신의 요청을 듣지 않기를 바라는 감정이 충돌하고 있다. 에리카 또한 상대가 자신을 대상으로서만 생각하는 관계는 명백히 불균형하고 건강하지 않은 것임을 알고 있기 때문이다. '나는 상처받고 싶지 않아서 너를 밀어내고 있어. 그렇지만 그 안에 있는 나는 너를 원하고 너가 나를 구원해주길 바라.' 이는 클레머에게 가학을 요구할 때 에리카가 그에게 간접적으로 보내는 메시지이며 그 자신조차 자신의 생각을 인지하지 못하고 있을 지도 모른다.

에리카처럼 반응적이고 수동적인 방식으로 관계에 참여하는 여성들의 모습은 주위에서 흔히 찾아볼 수 있다. 이는 맨즈 시스템으로부터 특정한 남성으로부터 성적 가치를 인정받는 것이 여성의 가치를 정한다는 신화를 주입받음으로써 여성이 관계를 잃는 것에 더 큰 두려움을 가지게 된다는 것을 보여준다. 연애 관계에 참여 선언을 함으로써 스스로가 부담해야 할 위험이 크다는 것을 알고 있기 때문이다. 이는 곧 맨즈 시스템이 설정해 둔 방향을 따라가는 것이며, 스스로 목적지를 정하고 세계를 정의하며 이에 따라 직접적인 행동을 취하는 것이 아니라 수동적으로 자극에 반응하는 식으로 그의 생이 이어지고 있다는 것을 보여준다.

이런 취약성은 명백히 여성에게 편중되어 있다. 남제자 클레머와 에리카 간의 관계는 맨즈 시스템 속에서 연애가 여성에게 끼치는 영향을 드러내어 보여준다. 먼저 호감을 표시하고 접근한 것은 클레머지만, 그에게 그 관계는 목을 맬 정도로 큰 가치를 지니는 건 아니다. 에리카가 관계를 자신의 중심적 요소로 여겨 집착하게 되는 모습과 반대로 그는 이를 다만 자신의 부속물로 여기며 관계가 끝난다고 해도 클레머는 큰 타격을 입지 않는다.

클레머는 에리카의 불합리한 요구 안에 숨겨져 있는 '나를 봐 줘'라는 메시지를 읽지 못하며, 그럴 수 있는 공감을 발휘하려는 의지도 없다. 그는 에리카의 요구에 다만 격분할 뿐이다. 클레머는 결국 에리카를 강간하는 방식으로 불만을 표출한다.

강간 이후 그들의 행동 방식은 놀라울 정도로 다르다. 에리카는 처음으로 스스로의 분노를 외부에 표출하려 시도한다. 그는 칼을 가지고 클레머를 찾아간다. 그러나 에리카가 찾아낸 클레머는 밝은 햇살 아래서 여전히 세계의 중심부에 속해 있다. 클레머는 친구들에 둘러싸여 웃고 있다. 이를 본 에리카는 결국 클레머가 속해 있는 세계의 주축에 자신은 속할 수 없다는 데에서 환멸을 느낀다. 이 책의 방식대로 표현하자면 이는 다시 말해 클레머에게 분노를 표출한다고 해도 결국 스스로가 처해 있는 상황은 달라지지 않으며 권력을 얻을 수는 없을 거라는 생각이다. 마침내 에리카는 클레머를 찌르기 위해 들고 나간 칼로 자신의 어깨를 찌른다. 결국 세계에 주체로서 참여할 수 없을 거란 상실의 감각은 책의 마지막 구절에서 이렇게 묘사된다.

창문들이 햇빛에 반짝인다. 그 창문들은 에리카에겐 열리지 않는다. 누구에게나 열리는 문은 아니라는 거다. 누가 자신에게 도움을 청하는데도 돌아보지 않는 사람들. 많은 사람들이 기꺼이 돕겠다는 생각은 갖고 있지만, 실제로 행하진 않는다. 여자는 목을 옆으로 틀고 병든 말처럼 이를 드러낸다. 누구도 그녀 어깨에 손을 얹어주지 않고, 누구도 그녀의 짐을 덜어주지 않는다. 그녀는 힘없이 자기 어깨를 내려다본다. 칼이 이제 그녀의 심장을 찌르고 후벼내야 한단 말인가! 그러나 그럴 힘이 남아 있질 않다. 아무것도 향하지 않은 채 시선을 떨구더니 에리카 코후트는 치솟는 분노도 울화도 열정도 없이

자기 어깨에 칼을 꽂는다. 그러자 금방 피가 솟아난다. 상처는 그리 깊지 않다. 다만 더러움 때문에 곪게 될까봐 걱정일 뿐이다.

세상은 그대로다. 상처를 입지 않았고 숙연해지지도 않는다. 젊은 이들은 벌써 오래 전에 건물 안으로 사라지고 없다. 건물은 서로 분리돼 있다. 칼은 다시 가방 속으로 들어간다. 벌어진 상처에선 부드러운 피부 조직이 대책 없이 갈라져 있다. 칼은 에리카를 뚫고 들어가고 에리카는 거기서 걸어 나온다. 그녀는 차를 타지 않는다. 상처 위에 한쪽 손을 얹고 그냥 걷는다. 누구도 그녀를 따라오지 않는다. 많은 사람들이 맞은편에서 걸어오지만, 모두들 배 지나갈 때 갈라지는 물살처럼 무심히 양쪽으로 에리카를 돌아 지나가버린다. 시시각각 기다리는 끔찍한 통증은 찾아오지 않는다. 한 자동차 유리창에 반사된 햇빛이 눈을 찌른다.

그러나 이는 절대로 벗어날 수 없는 구렁텅이가 아니다. 페미니즘은 우리의 불행의 서사를 단순히 파헤치고 강조하는 것이 아니라, 현실을 점검하고 그 속의 모순을 인지하기 위한 발판이다. 자신이 처한 현실을 객관적으로 분석하고 이를 토대로 모든 방면에서 변화를 이룩해야 한다. 우리에게는 그럴 힘이 있다.

여성의 불행한 서사를 강조하고 풀어내는 것은 2단계에서 그쳐야 한다. 우리 자신이 곧 이를 딛고 일어날 수 있는 힘 그 자체라는 것을 깨닫고 실제로 개인의 삶과 현실에서 변화를 실천함으로써 세계의 자전축은 서서히 우리 쪽으로 옮겨진다. 에리카의 모습은 맨즈 시스템 속에서 고통 받는 여성들의 모습을 확대해 보여주지만 그는 여전히 그 속에서 벗어나지 못한다. 우리는 에리카의 단계, 페미니즘을 통해 삶을 샅샅이 파헤친 단계에서 넘어가 새로운 변화를 추구해야 한다.

이 소설에서 클레머는 아마 강간의 기억을 그저 '한 때 이상한 여자를 만난 적이 있었다' 정도로 기억하게 될 것이다. 그러나 에리카는 이 기억을 평생 안고 살아가게 될 가능성이 높다. 이 차이는 이런 사고의 차이에서 온다. '타인에게 억압을 받고 분노가 생길 때 이를 곧장 표출하는 법을 익히고 있는가?', '자신이 한 번의 억압이나 피해로서 규정되지 않으며, 지금 얻은 것을 잃더라도 앞으로 새로운 것을 얻을 수 있는 가능성이 얼마든지 있다는 걸 알고 있는가?' 그리고 이 질문에 대한 답에서 드러나는 차이는 맨즈 시스템의 사회적 가스라이팅으로 인한 결과다.

에리카는 자신의 어깨를 찔렀지만 만일 계획했던 대로 클레머를 실제로 찔렀더라면 최소한 그는 자신이 완전히 무력하지 않음을 알 수 있었을 것이다. 또한 분노를 가야 할 올바른 상대에게 표출함으로써 그는 이를 미해결된 아픔으로써 내면에 쌓아두지 않을 수 있었을 거다.

그보다 더 좋은 결과는 이것이다. 에리카 자신의 피학적 욕망과 비틀린 사고가 결국 어디에서 기인하게 된 것인지를 알고, 그것이 연극에서의 역할처럼 임의로 부여된 일시적 설정에 불과함을 깨닫는 것이다. 이를 통해 에리카는 클레머로 인한 상처마저도 맨즈 시스템의 '상처를 받으라'는 명령의 영향을 받아 증폭된 것임을 알게 된다.

이는 피해 사실 자체를 잊고 용서하라는 이야기가 절대 아니다. 피해를 받은 것 자체는 사실이며 절대로 부정되어서는 안 된다. 그러나 우리는 피해 사실과 자기 자신을 분리해 생각할 수 있어야 한다.

길을 가다 개에 물리면 상처를 소독해야 한다. 며칠 동안은 기분도 나쁠 수 있다. 그러나 그 상처나 흉터가 당신의 자아를 다치게 하는 건 아니다. 그리고 개에 물린다고 해도 이후 당신의 정체성이 '개에 물려본 사람'으로서만 정의될 리는 없다. 성적 폭력이나 가스라이팅, 정신 질환 등의 불운을 겪었다고 해도 당신은 그 피해사실에 예속되지 않는다.

그동안 발목을 잡아 오던 왜곡된 사고를 바로잡기 위해 가장 먼저 실천해야 하는 건 스스로의 모습과 처한 상황, 그리고 사고방식을 직시하는 것이다. 이는 앞서 이야기했던 홀로됨과도 무관치 않다. 홀로 있는 것은 물리적으로 외부와의 접촉 없이 홀로 존재하는 것과 정신적으로 자신을 분리해내는 것 모두를 의미한다. 처해 있는 상황으로부터 거리를 두고 생각하면서 우리는 객관적으로 문제의 본질을 볼 수 있게 된다.

그리고 결국 우울이나 각종 정신 병리를 고치는 것보다도 더 중요한 것은 자기 자신으로 존재하는 것이다. 상태가 개선된 척 스스로와 남을 속이는 것은 오랜 효과를 보지 못한다.

때로는 댐에 뚫려 있는 구멍을 하나하나 보수하는 것보다 자리를 뜨는 것이 더 효과적이다. 상황이 도저히 개선할 수 없을 정도로 버겁게 느껴진다면 버리고 떠나라. 중요한 것은 타인의 기대도 쌓아온 성취도 아니다. 기대비용을 고려하지 말고, 어떻게 해야 개선될 수 있을까만을 생각해야 한다. 때로 사람들은 정작 중요한 것은 현상을 꾸역꾸역 유지하는 것이 아니라 삶의 지속이라는 것을 잊는다.

페미니즘을 학습하면서 우리는 여태껏 우리의 삶에서 일어났던 불운 중 상당수가 우리 자신의 탓이 아니었음을 정확히 직시할 수 있게 된다. 이는 다양한 정신 질환의 근원 인지 왜곡을 풀어낼 수 있는 단서가 된다.

우리가
취할 수 있는
방법에 대해

우리가 취할 수 있는
방법에 대해

1. 개인

• **들어가며**; 정체성은 가변적이다

좋은 집, 좋은 사람과의 만남, 목표의 성취 등의 가치를 원하지 않
는 사람은 없다. 그럼에도 많은 사람들은 현실에 문제가 있거나 만족
할 만큼의 성과를 얻지 못해도 습관적으로 기존의 삶의 방식을 지속
한다. 이는 변화의 가능성에 무지하기 때문이다. 그들은 관성에 길들
여져 있다.

그러나 사람들이 믿고 있는 것보다 현실은 단단하게 굳어져 있지
않다. 현실은 단단한 돌보다는 말랑말랑한 찰흙에 가깝다. 현실이 단

단하게 굳어져 있다고 생각하는 사람은 세계를 스스로의 바람대로 변형하려는 시도를 하지 않는다. 반대로 세계가 믿고 의도하는 대로 바뀔 수 있다는 것을 아는 사람들은 스스로의 의도와 방향을 점검하고 그에 따라 노력하면서 현실의 모습을 원하는 대로 바꾸어간다.

사람들이 가장 단단한 토대로서 믿고 있는 요소 중 하나가 바로 스스로의 성격과 정체성이다. 이는 그들이 뿌리를 내리고 한 위치에 머무를 수 있도록 만드는 닻이며, 가짜 안정감으로 사람들을 속여 현실로부터 벗어나지 못하게 한다.

보통 정체성이라는 단어는 수많은 외부적인 요소들을 포괄한다. 여기서 일컫는 외부 요소의 한 축에는 경제력, 교육 수준, 외모와 같은 사회적인 요소가 있다. 그리고 여태껏 이뤄오고 쌓아온 성취나 과거의 경험, 혹은 성격적 특성과 같은 통상적으로는 '정체성'의 영역에 속하는 것으로 여겨질 법한 것들 또한 여기서는 외부 요소로의 범위 안에 포함된다. 이 요소들을 제거하면 중심에 남는 것은 자신의 의도와 선택뿐이다.

의도와 선택을 제외한 모든 것을 외부 요소로 여기는 것은 모든 것이 변화하기 때문이다. 앞선 파트에서 우리는 모든 인간이 이데올로기를 바탕으로 형성됨을 이야기했다. 누구도 외부의 영향을 받지 않고 독자적으로 존재할 수는 없다. 그리고 성격이나 사고방식 등의 모든 정서적 배경은 한 번 형성되면 죽을 때까지 이어지는 것이 아니라 지속적으로 자극을 수용해 변화한다.

우울한 노래를 자주 듣는 사람은 우울해지기 쉽다. 로맨스를 주로 보는 사람들은 사랑이라는 환상에서 벗어나기 어렵다. 성공을 추구하는 사람들로 둘러싸인 환경에서는 자연스레 성공을 추구하기 쉽다. 맹모삼천지교의 고사는 외부 환경의 중요성을 보여준다.

이렇게 우리는 세계와의 상호작용을 통해 형성된다. 우리는 영향을 받거나 받지 않기를 선택할 수는 없다. 의식하지 않는다면, 갈림길에서 우리가 고르는 길마저도 자기 자신의 선택이 아닌 외부의 영향력의 결과가 된다. 성격 또한 이런 방식으로 형성된다. 본성에 주위의 영향력이 결합되면서 우리는 점차 특정한 방식의 선택을 하는 경향을 갖게 된다. 그 선택의 결과는 대부분 또다시 유사한 선택을 하도록 만들어 경향성을 강화한다. 주위에도 비슷한 사람들이 모여들고 비슷비슷한 뉘앙스를 가진 컨텐츠를 주로 소비하게 된다. 성격은 그렇게 점진적으로 형성된다.

결국 지금 우리가 갖고 있는 모습은 여태껏 우리가 골랐던 모든 선택의 총합이다. 변화가 이루어지는 매커니즘을 파악하는 것은 우리가 변화의 방향을 통제할 수 있도록 한다. 인지하지 못한 상태에서는 선택 또한 외부로부터 규획되지만 이제 우리에게는 선택의 자유가 주어졌다.

의도적으로 변화의 방향을 통제할 수 있다는 걸 앎으로써 우리는 미래를 선택할 수 있게 된다. 굳건하게 당신의 자아의 일부로 남아있게 되는 것은 당신 자신의 의도와 선택뿐이다. 학벌, 나이, 재력, 국적 … 당신을 제외한 모든 부가적인 요소들은 당신을 규정하는 것이 아니라 다만 현재의 상태다.

어떻게 활용할까

의도에 따라 미래와 현재가 달라진다는 걸 알게 되면, 우리는 자연스럽게 그 전의 모든 것들로부터 스스로를 분리하고 거리를 두게 된다. 이 삶을 체험하고 경험할 수 있는 인간은 오직 자기 자신뿐이며 타인의 평가는 제약으로서의 무게 외에는 아무런 의미가 없다. 이는 즉 스스로에게 모든 권위를 부여하는 것이다.

이렇게 우리는 자신의 의지 주위로 세상이 돌아가도록 만들 수 있게 된다. 세계는 우리의 선택과 행동에 따라 다른 값을 산출해내는 일종의 기계일 뿐이다. 이렇게 거리를 두는 건 삶을 게임처럼 가볍게 볼 수 있도록 한다. 게임에서 한 번 졌다는 게 우리에게 어떤 영향을 끼칠 수 있겠는가? 한 번의 성공이나 실패는 우리의 삶을 휘두를 수 없다. 목표를 성취하는 것은 물론 긍정적이지만 그렇지 못한다 해도 중요하지 않다. 가치가 있는 건 오로지 자신의 뜻에 따라 살아갈 수 있는 정신이다.

이제 가치 판단까지 우리의 기준에 따른다. 옳고 그름이 존재치 않으므로 그는 모든 것을 자신이 보고 믿는 그대로 살아갈 수 있다. 거기에 부차적인 설명이나 논리는 중요치 않다. 이는 자기확신의 결핍 상태에서 빠져나올 수 있는 탈출구다. 이렇게 다시 형성된 자기 확신은 맨즈 시스템 속에서 남성이 형성한 것보다 훨씬 강력하다. 그들에게는 맨즈 시스템의 체계가 의미를 갖지만 우리에게 의미를 가지는 건 오직 우리 자신이기 때문에.

오히려 그전까지 갖고자 애썼던 것들까지도 이 상태에서는 가지기 더욱 쉬워진다. 거리를 두는 건 여유를 갖고 상황을 객관적으로 보게 만든다. 또한 한 번의 실패에 좌우되지 않기 때문에 궁극적으로 바라는 바를 더 수월하게 얻어낼 수 있다. 거리를 두지 못하는 사람은 자기 자신보다도 외부에 더 많은 가치를 부여하면서 점점 스스로를 얽어매게 되며, 이런 스트레스 때문에 나쁜 영향을 끼치는 행동을 끊어내지 못하기 때문이다.

정체성이 가변적이라는 생각은 가능성을 한계 없이 확장시킨다. 되고 싶은 모습은 만들어갈 수 있다. 되고 싶은 모습으로 주변을 채우고, 계속 지금 스스로가 어떤 위치와 상태인지를 즐겁게 점검하면서 우리는 매일 조금씩 목적지를 향해 나아간다.

그러기 위해서는 먼저 환경을 바꾸어야 한다. 지금 당신이 접하고 있는 컨텐츠나 사람들이 자신에게 어떤 영향을 끼치는지 객관적으로 파악하라. 정서적인 안정을 주더라도 당신에게 장기적으로 악영향을 주고 있다는 판단이 들면 끊어내야 한다. 정서적 안정이라는 미끼로 인해 당신의 현실은 변화하지 않은 채 머무르게 된다. 장기적으로 보았을 때 정서적인 안정은 그리 큰 가치가 아니다.

이 주제가 우리에게 특히 중요한 건 맨즈 시스템으로 형성된 부정적인 정체성들을 제거할 수 있는 토대를 마련하기 때문이다. 우리가 부여받은 약자의 지위는 다만 일회성의 현상일 뿐이다. 약자성이나 피해자성의 틀에 스스로를 가두지 않기를 선택하고, 빼앗긴 성취의 욕구를 다시 되찾아 오면서 우리는 맨즈 시스템의 정서적 영향력에서 자유로워진다.

이는 또한 맨즈 시스템이 우리에게 부여한 가치는 실제로 우리를 규정하지 않는다는 것을 보여준다. 우리를 나아가게 하고 살게 만드는 것은 스스로가 규정한 길 위에서의 성취일 뿐 타인의 시선이 아니다.

삶을 개척하라는 이야기는 수도 없이 반복되어 왔다. 개척이라는 단어에는 무언가 고통스러운 것을 견뎌낸다는 뉘앙스가 있다. 새로운 분야를 개척한다거나, 사람의 손이 닿은 적 없는 자연을 개척한다는 말 속에는 기존의 모습을 억지로 변화시키고 관성을 억누르는 강압이 느껴진다.

그러나 정체성이 가변적이며 가능성은 무한히 열려있다는 이야기는 '개척'이라는 말의 뉘앙스처럼 세계를 깎아내고 스스로를 억지로 통제하는 것이 아니다. 이는 걸음을 무겁게 만들었던 족쇄를 벗고, 어린아이처럼 모든 과정을 즐기면서 파도를 타듯 흐름에 따라 스스로의 방향을 조정하는 것이다.

• 맨즈 시스템의 영향력을 제거하고 스스로를 알아가는 법

2부에서 살펴본 것처럼 맨즈 시스템은 법과 제도를 비롯한 공적인 영역을 넘어 삶의 개인적인 영역에까지 손가락을 뻗친다. 이데올로기는 개인의 모든 사고, 심지어는 취향에도 막대한 영향력을 끼치며 어떤 개인도 외부와 단절된 정신적 무균실 속에서 살 수 없다. 구조로부터 완전히 분리된 자신만의 산물이 존재할 수 있는지는 아직도 규명되지 않았다. 그럼에도 우리는 맨즈 시스템 이데올로기만큼은 자아로부터 분리해내야만 한다. 여성에게 맨즈 시스템의 메시지는 자기 파괴적인 방식으로 작동하며 그 뿌리를 제거함으로써 우리는 태어났을 때부터 매어져 있던 족쇄를 풀고 자유로운 주체로서 살아갈 수 있다.

맨즈 시스템의 영향력을 받아 형성된 정신적인 습관들은 여성 개인에게 심각한 위험 요소로 작용한다. 상황과 조건에 따라 당장은 심각한 문제로 발현되지 않았더라도 이후 언제든 정신적인 문제로 비화될 소지가 있다. 때문에 그 속에서 자란 모든 여성에게 자기 자신에 대한 성찰은 필수적인 과제다.

페미니즘은 맨즈 시스템의 구조적 영향력을 파악하고 여성 개인의 인지 과정에서 왜곡을 찾아낼 수 있는 도구다. 이를 통해 우리는 맨즈 시스템의 영향력이 어디까지인지를 파악할 수 있다. 앞선 1, 2부에서 간략하게 이에 대한 설명을 서술해두기는 했으나 개략적인 설명이었기 때문에 만일 이론적 설명이 더 필요하다고 느껴진다면 참고 문헌에서 관련된 서적을 참고하는 것을 권한다.

먼저 우리는 페미니즘의 사고틀을 바탕으로 맨즈 시스템의 정서적 영향력을 파악하고 분리해내야 한다. 그 후에는 자신이 처해 있는 상황을 분석하고 이를 기반으로 이후의 행동 방향을 설정해야 한다.

그 과정에서 유의할 것은 현재 당신이 처해 있는 상황과 당신의 자아는 서로 구별된 독립적인 요소임을 항상 염두에 두는 것이다. 당신이 나쁜 습관을 갖고 있거나 혹은 스스로가 잘못되었다고 느끼더라도 이는 다만 현재의 일시적인 상태일 뿐 당신 자신을 규정하는 것이 아님을 명심해야 한다.

아래는 여성주의 자아성찰 세미나에 참여했던 유진(가명) 씨가 실제로 수행했던 성찰의 예시다. 개인적인 영역까지 공개하는 것을 허락해주신 덕에 책에 생생한 사례를 실을 수 있었다. 사고 과정과 그에 따른 감정을 직접적으로 전달하기 위해 고치지 않고 원본 그대로를 실었다. 이 파트에서는 유진 씨의 사례를 먼저 가볍게 살펴보고 이를 통해 간략한 방법론을 소개하려 한다.

〈2018년 1월의 생각들〉

1. 내가 가진 것과 갖지 못한 것

가진 것	갖지 못한 것
① 자극에 대한 정신적 회복력 또는 저항력	① 가족의 지원 : 경제적, 정서적으로 기댈 곳이 없는 것 – 앞으로 계속 홀로 살 계획이니 특히 중요하다.
② 계속 의심하면서 본질을 보려는 습관	② 사회에 대한 지식 : 법에 대한 지식, 재테크, 투자 지식
③ 미학적 감수성(정신적 자원) : 정신적으로 지쳐있을 때에도 정신을 다시 새것처럼 세탁할 수 있는 수단이 있다.	③ 집중력 : 한꺼번에 여러 일을 하다 보니 생각이 끊이질 않는다. 한 가지에 빠르게 집중해 효율적으로 단 시간 안에 마무리해야 한다.
...	...
(중략)	(중략)
...	...
⑨ 공감지능 : 타인과의 관계에서 중요한 자원. 사람의 정서를 쉽게 파악하고 조절하거나 내가 원하는 방향으로 유도할 수 있는 능력. 그러나 당시의 정신 상태와도 밀접하게 연관되어 있으므로 내가 깨어있는 상태라면 역효과를 부를 수 있다.	⑩ 남성의 카르텔에 속할 수 없는 것 : 어쩔 수 없이 항상 이 부분을 염두에 두어야 한다.
⑩ 외국어 : 언어를 배우는 감각이 좋은 편이다.	⑪ 체력 : 정서적/신체적 체력 → 신체적인 건강을 갖춘다면 정신이 흐려지는 데에 대해 저항력이 강해진다.
⑪ 개념들을 엮어 새로운 것을 만들어내는 능력 : 완전히 새로운 것을 창조하는 것에 대해서는 큰 자신이 없지만, 어차피 모든 것들은 이전에 있던 것들의 변주일 뿐이다.	⑫ 하나를 계속 파는 끈기와 계획성, 행동력

2. 내가 필요로 하는 것

1) 내가 좋아하는 것들은 무엇인가. 무엇을 할 때 행복한가.

- 주변 환경이 시각적으로 아름다울 때 : 바다, 건축물
- 날씨가 맑을 때 : 생각보다 나한테 날씨의 영향이 굉장히 큰 것 같다.
- 미학적인 요소들 : 미술관, 연극, 연주회 등. 유럽의 고도시에서 지내면서 가장 좋았던 부분 중 하나다. 주위가 전부 좋아하는 것들로 가득 차 있어 굳이 시간을 내지 않아도 기본적으로 매일 일정 수준의 만족감을 느낄 수 있었다.

2) 내가 진짜 원하는 것

- 사회적인 지위
- 어디서건 편안할 수 있는 것 → 나를 불안하게 만드는 외부 환경에서부터 멀리 떨어져야 한다. 내가 안전할 수 있는 최소한의 안전망을 확보해야 한다. 돈이건 명성이건 권력이건 최소한 누군가 나를 해하려 할 때 멈칫할 수 있게 되는 무언가가 있어야 한다. 나를 실제로 해치려 할 때 이에 대한 위협적인 반격이 들어올 수 있다는 느낌을 주어야 한다.
- 어차피 한국에서도 항상 외부자가 된 기분으로 살 텐데 어디에서 살건 크게 달라질 건 없다. 그렇다면 단순히 좋아하는 것들 주위에 사는 걸 선택하면 되지 않을까.

3. 내가 취해야 하는 자세들 또는 필요한 생각

1) 가장 고쳐야 하는 부분

- 체계적/계획적이지 못한 것. 무언가 시작하기 전에 계획적으로 사전부터 철저하게 준비해야 한다.
- 마약처럼 어딘가에 지속적으로 중독되어 약간의 일시적 만족을 얻으며 회피하는 것 → 장기적으로 도움이 될 것인지 아닌지만을 따지면서 득과 실을 철저하게 구분해야 한다. 술도 훨씬 줄여야 하고 사람을 만나는 시간도 쳐내자.

2) 직접적인 계획들

- 주변을 주기적으로 정돈하기 (머릿속도 마찬가지다)
- 운동하기. 내일까지 당장 알아보고 신청하자. 자세를 바르게 하고 스트레칭을 자주 해야 한다.

- 각종 자기계발서와 자서전 등을 참고하자. 빠르게 속독해 필요한 부분만을 얻어내야 한다.
- 집중력 향상을 위해 머리를 항상 차갑게 만들기 : 명상과 제대로 된 휴식

3) 도움이 되는 생각들

- 내가 얻는 능력들을 마치 게임 능력치처럼 생각하면서 모든 것들을 차근차 근 축적해야 한다.
- 선택에 혼란이 온다면 이것만을 생각하자. 이걸 할 가치가 있는가? : 내 발 전에 도움이 되는가? 내가 들이는 비용(시간, 노력)만큼 되돌아오는가?
  => 할 가치가 있다면 해라. 단순하다.
- 누군가의 의견이나 사상을 그대로 흡수해서는 안 된다. 어떤 것도 완벽하게 옳거나 그르지 않다. 나에게 이득이 되는지만 따지자.
- 내 감정은 지표이다. 무언가 불쾌한 게 있다면 문제를 분석하자. 그리고 반 대로 기분이 좋다면 그 원인도 함께 분석해야 한다. 그러나 감정이 지표 이 상이 되어, 판단을 흐리는 걸림돌이 되어서는 안 됨을 명심하자.
- 주의해야 할 부분이 있다. 내면에 상처가 있다면 그걸 외면해서는 안 된다. 내가 가장 피하고 싶은 미래는 무언가 불만이 있는 상황에 지속적으로 노출 되어 추해진 많은 사람들처럼 되는 거다. 내가 원하는 것이 집착으로 변해서 는 안 된다. 계속 점검해야 한다.
- 모든 인간관계는 서로에게 합당한 대가를 주고받는 거래 관계다. 남들이 납 득하지 못하는 것을 말하지 말자. 얻을 수 있는 것만을 얻고, 그 대가로 줄 것 을 주자.
- 정신을 맑게 유지해라; 맑게 유지하지 못하도록 하는 것들을 피해라.

이 분석은 크게 세 가지 영역으로 나눌 수 있다. 먼저 **현 상황에 대한 분석**이다. 자신이 갖고 있는 것과 결핍된 부분을 구체적으로 생각해 보는 건 현 상황에 대한 대강의 이미지를 갖고 있는 것과는 상당한 차이를 보인다. 분석을 통해 우리는 자신의 상태를 구체적으로 파악할 수 있으며, 또한 세분화된 문항들을 보면서 머릿속으로 항목들을 조합해보며 새로운 생각을 얻어낼 수 있다.

여기에는 자신의 선호에 대한 분석도 포함된다. 어떤 상황에서 편안함과 행복을 느끼며, 어떤 상황에서 스트레스를 받는지를 객관적으로 파악하는 것은 최고의 정신적·신체적 상태를 만들기 위한 필수적인 단계다. 가장 능률을 극대화 할 수 있고 안정된 상태로 지낼 수 있는 환경을 조성하는 것은 성취를 위한 필수적인 요소다. 특히 맨즈 시스템이 여성에게 자기 자신보다도 타인을 더 배려하고 고려할 것을 요구한다는 점을 고려하면 더욱 그렇다. 많은 여성들은 자신의 호오를 제대로 파악하지 못해 싫어하는 것에 지속적으로 노출되어 스트레스 상황에 놓여 있으면서도 이를 인지하지 못하곤 한다.

두 번째는 **목표 자체에 대한 분석**이다. 이는 자신의 선택을 조절하는 과정이다. 모호하게라도 어떤 상태에서 살고 싶은지 그 이상을 그려보면서 우리는 궁극적인 목적지를 설정할 수 있다. 유진 씨의 경우에는 편안함을 느낄 수 있는 상태를 원했고, 이를 위한 전제조건으로

돈이나 명예 등의 사회적인 요건이 필요하다고 판단했다.

세 번째는 **어떻게 목표를 달성할 수 있을지** 방법을 고민해 보는 과정이다. 여기서 첫 번째 단계에서의 현실 분석은 유용하게 사용된다. 보유한 자본을 최대한 활용하고 부족한 부분을 채우는 것은 당연한 말처럼 보이지만 분석 없이는 제대로 파악하기 어렵다. 또한 이를 기반으로 앞으로의 방향을 설정할 수 있다는 점에서도 중요하다.

이 단계에서는 두 가지 종류의 고민이 필요하다. 취해야 하는 태도, 그리고 구체적인 행동 방식이 그것이다. 취해야 하는 태도에는 인지적 왜곡으로 인한 나쁜 습관을 없애고, 새로운 습관을 만드는 등의 방법들이 포함된다. 이는 기존의 정체성을 버리고 새로운 정체성을 만드는 과정이다. 제시된 사례에서는 '도움이 되는 생각들' 항목이 여기에 속한다.

구체적인 행동 방침은 아마 대부분의 사람들에게 가장 많은 시간이 필요한 단계일 것이다. 여기서 우리는 목적지에 다다를 수 있는 방법을 전략적으로 모색해야 한다. 유진 씨의 사례에서는 지나치게 개인적인 정보들이 노출된다고 판단해 생략했지만 이는 특히 중요하다. 또한 한 가지 방법만을 생각해 두는 것보다는 최소 서너 개 정도의 방법들을 구체적으로 마련해 두어야 한 가지 안이 실패하더라도 궁극적인 목적지에 차질 없이 다다를 수 있다.

이 분석을 진행한 목적은 구체적인 목적이 확정되지 않은 상태에서 나아갈 방향을 도출하는 것이었다. 때문에 자기 자신의 정서적 기제를 비롯해 당시의 상태에 대한 분석이 주를 이루는 것을 확인할 수 있다. 그가 바라는 것은 돈이나 지위 등의 추상적인 목표이기 때문에 갖고 있는 자본을 조합해 이를 얻어낼 수 있는 최적의 경로를 파악하려 했다. 유진 씨와 같은 방법은 아직 구체적인 지향점이 없을 때 특히 유용하게 사용될 수 있다.

스스로에 대한 분석을 진행하는 방식은 사람에 따라 다를 수 있지만 앞서 유진 씨의 사례를 분석할 때 이야기했던 세 가지는 반드시 들어가야 한다. 즉 현 상황에 대한 분석, 목표 설정, 그리고 그 목표를 달성할 수 있는 방법이 그것이다.

이전 파트에서 이야기한 것처럼 우리는 의도와 선택을 통해 앞으로의 삶을 새롭게 구획할 수 있다. 의식적으로 방향을 설정하지 않는다고 해도 어찌 되었건 선택은 이루어지며, 그럴 때 우리는 문제점을 그대로 안은 채 남아있게 된다. 어차피 선택이 이루어지게 될 거라면 우리의 의도대로 이루어져야 한다. 때문에 이런 분석은 시간이 며칠이 걸리건 반드시 진행해야 한다. 분석을 통해 자신의 선택과 의도에서 군더더기를 제거하고 온전한 스스로의 것으로 만들 수 있기 때문이다. 이는 맨즈 시스템으로부터 부여받은 정체성을 버리고 온전히 자신만을 위한 삶을 만들어가기 위한 첫 번째 단계다.

• 모든 결정의 기준은 당신 자신이다

우리는 여성의 삶의 기준을 외부적인 요소들로 설정하게 만드는 맨즈 시스템 속에서 평생을 살아왔다. 불안하고 계속 변하는 외부에 스스로를 맡김으로써 우리는 자주 흔들린다. 예를 들어 성적 대상으로서의 매력을 기준으로 삼고 있는 경우 나이가 들면 점차 그 기준에서 자연스레 배제되어 상실감을 느낄 수밖에 없다. 심지어 시스템이 요구하는 기준을 달성하더라도 그렇다. 기준 자체 또한 계속 변하기 때문이다. 우리는 모든 결정의 기준을 다시 본인으로 설정하는 방법을 배워야 한다.

이를 위해서 우리는 먼저 생각되어지는 삶에서 탈출해야 한다. 많은 사람들은 사고를 사회에 위탁하고 주어진 생각의 틀에 자신을 맞추곤 한다. 심지어는 오락마저도 주어진 것만을 누린다. 그 상태에서는 결정의 기준을 자신으로 삼는 것 자체가 불가능하다. 결정의 기준을 당신 자신으로 설정하기 위해서는 계속 회의하고 의문을 품어야 한다. 이전 파트에서 언급한 자기 분석은 생각의 기준을 자기 자신으로 돌리기 위한 좋은 출발점이다.

페미니즘에서도 마찬가지다. 이론은 분명 중요하지만 모든 이론은 그에 반하는 다른 이론을 수반한다. 이론은 당신의 생각을 돕는 도구일 뿐이다. 누군가 정리하고 생각해둔 것을 수용하는 습관을 버리고 자신의 생각을 보다 가치 있게 여겨야 한다. 스스로 끊임없이 생각하지 않고선 맨즈 시스템의 모순과 불합리를 모두 알기 어렵다. 그리고 만일 이를 알더라도 스스로의 삶에 제대로 적용할 수도 없을뿐더러 다시 기존의 삶으로 돌아가게 될 가능성이 높다.

비판적으로 생각하는 습관을 통해 우리는 비로소 실제로 우리에게 득이 되는 것과 실이 되는 것이 무엇인지를 구분할 수 있게 된다. 모든 기준을 다시 스스로에게 돌리는 것은 곧 결과론적으로 사고하면서 철저히 자신에게 득이 되는 것만을 취하는 것을 뜻한다. 설령 지금까지 당신이 가져왔던 가치관에서는 악하거나 불합리한 일처럼 보이더라도 장기적으로 정말 당신에게 도움이 되는 것이라면 일단 가능성을 크게 열어두어라.

이는 자신이 처해 있는 상황 속에서 문제를 객관적으로 볼 수 있는 자세를 요구한다. 예를 들어 치장이 자신에게 과연 실제로 어떤 이득을 주는가 등의 물음이 여기에 속한다. 치장을 통해 자기 자신이 무엇을 얻고 무엇을 잃는지 생각해 보면서 우리는 코드화된 기호로서 치장이 어떤 의미를 갖는지 비로소 납득할 수 있게 된다.

어떤 치장은 곧 약자성의 코드를 입는 것이지만, 어떤 치장은 비교적 권력을 갖기 쉽게 만든다. 노출이 많은 옷은 실질적인 권력을 얻는 것이 아니라 대상으로서 평가자의 권력을 일부 나눠가지는 정도에 그친다. 그러나 부작용은 크다. 스스로를 대상으로서 여기는 사고에 익숙해지는 것이 그것이다.

반면 옷을 단정하게 갖춰 입고 시계를 차는 등의 자기관리 수준의 치장은 코드화된 약자성과는 관계가 없으며 좋은 인상을 남길 수 있는 기반 정도다. 시간 또한 크게 소요되지 않는다. 스스로를 성적 대상으로 격하시킴으로써 주체성을 빼앗기는 것도 아니다. 여기에서 '이 옷이 여성스러운가, 여성스러운 것은 무엇인가' 등의 물음은 큰 의미가 없다. 다만 자신에게 어떤 것이 더 큰 이득을 주는가를 고려한 결과일 뿐이다.

마찬가지로 우리는 항상 어떤 결정을 내리건 그것이 실제로 자신에게 득이 되는지를 장기적인 관점에서 고려해야 한다. 직장과 건강 중 중요한 것은 건강이다. 그 과정에서의 우선순위는 당신으로부터 분리되기 어려울수록 높아진다. 예를 들어 건강은 직장보다 중요하다. 당신으로부터 분리될 수 없는 쪽은 건강이기 때문이다. 이런 우선순위를 바탕으로 우리는 만일 직장이 건강을 심각하게 위협할 가능성이 있다면 이직이나 퇴사를 고려하는 게 합당하다는 결론을 내릴 수 있다.

이는 당연한 결론처럼 보이지만 삶 속에서 실제로 내리기는 어려운 결정이다. 가치는 쉽게 전도되며, 옳은 것이 무엇인지를 알아도 낯설어서 행하지 못하는 경우는 수도 없이 많다. 때문에 이 또한 연습이 필요하다. 다행히도 우리의 뇌는 가변적이며 변화는 생각보다 빠르다. 2주, 한 달, 세 달 등 기간 자체에 대해서는 의견이 분분하지만 뇌가 연습을 통해 변한다는 사실 자체는 분명하다. 분석을 기반으로 실제로 득이 되는 것이 무엇인지를 파악하고, 이를 습관으로 만들면서 우리는 맨즈 시스템의 영향력을 하나씩 벗어갈 수 있다.

- **삶에서의 미니멀리즘; 중독으로부터의 탈피**

이제는 조금 유행이 지난 것 같지만 한창 미니멀리즘 관련 서적이 서점에서 쏟아지던 때가 있었다. 미니멀리즘의 중심 사상은 당신의 삶에서 불필요한 부분을 모두 제거하고 좋아하고 필요한 것으로만 주위를 채우는 것이다. 이는 대부분 물리적 환경의 정리에 집중되어 있었다. 그러나 우리의 삶 자체에도 이런 선택과 집중의 원리가 적용될 수 있다.

우리가 특정 기간 동안 사용할 수 있는 뇌의 에너지는 한정되어 있다. 우리는 하나의 행동이나 생각을 선택함으로써 결과적으로 다른 행동과 생각을 포기하게 된다. 때문에 어떤 생각이나 습관을 선택하기 전에 우리는 그 가치와 기회비용을 면밀하게 분석해야 한다.

이는 '궁극적으로 도달하고자 하는 목적지에 이 행동이 도움을 주는가?', '이 행동이 내게 이득을 주는가?'라는 명제를 바탕으로 행동의 득실을 파악함으로써 가능해진다. 자신에 대한 분석 자료를 바탕으로 우리는 그동안의 습관적인 행동을 객관화할 수 있게 된다. 그중 스스로에게 큰 기쁨을 주거나 도움이 되는 것만을 남기고 주변을 모두 정리해야 한다.

특히 두려움의 대상을 정면으로 마주하는 건 이 단계에서 필수적이다. 끊어내야 할 것을 알면서도 불안이나 공포로 습관을 지속하는 경우는 너무 많다. 그러나 지향점으로 이어지지 못하도록 만드는 감정들은 대개 학습된 것이며 비합리적이다. 막상 직면한 후에 그 당시를 돌아보면 고작 그런 이유로 안주하고 있었다는 것이 우습게 느껴질 것이다.

끊어내지 못한 것들을 끊어내라. 뇌는 억제하는 데에 많은 에너지를 소모한다. 때문에 마찬가지로 무언가 상황에서 불만족스러운 부분이 있다면 뇌의 용량은 100퍼센트 사용될 수 없다. 결과적으로 생산성은 크게 하락한다. 사소한 것이라도 불만족스러운 부분을 그냥 내버려두지 말고 하나씩 바꾸면서 스스로에게 최적의 조건을 만들어주어야 한다.

뇌의 에너지와 마찬가지로 시간과 정신적 에너지, 금전적 비용 또한 한정되어 있다. 우리는 이 한정된 것들을 최대한으로 사용해 스스로가 추구하는 가치로 나아가야 한다. 당신이 추구하는 가치가 사회적 성공과 닿아 있건 혹은 그렇지 않건 간에, 불필요한 에너지 소모를 막는 것은 풍요로운 삶을 살아가는 데에 있어 특히 중요하다. 당신이 추구하는 것이나 택하는 습관의 가짓수를 적은 수로 제한하고 이에 집중해라.

특히 우리 중 많은 수가 진정 스스로가 원하는 바를 추구하기보다는 주저앉혀지는 데에 익숙하다는 점에서 삶에서의 미니멀리즘은 중요하다. 어릴 적 갖고 있던 꿈은 세계와 부딪혀 가면서 점점 제한되고 마모되어 가며, 여성으로서 우리는 꿈의 크기조차 대개 제한되었다. 스스로가 실제로 원하는 바를 추구하지 못하기 때문에 생기는 공허를 많은 사람들은 소모적인 방식으로 해소한다. 식욕, 연애, 술, 게임 등 그 종류는 매우 다양하다.

본질적인 이득과 마취적 이득

여기서 중요한 것은 본질적인 이득과 일시적이고 마취적인 이득을 구별하는 것이다. 본질적인 이득은 장기적으로 우리의 불만족을 해소할 수 있으며, 궁극적인 목적지로 이어지는 길 위에 있다. 이는 자본주의적으로 생산성에 집착하는 것과는 다르다. 같은 행동을 하더라도 '~해야 한다'는 명제에 집중해 행할 때와, '나를 위해 ~하고 싶다'는 근거를 갖고 접근할 때는 하늘과 땅만큼의 차이가 있다. 전자가 강박과 압박으로 스스로를 몰아가고 소진시키는 것이라면 후자는 면밀한 분석을 통해 이 행동이 정말 스스로의 목표를 달성하는 데에 도움이 됨을 알고 자기 자신을 중심으로 판단한 결과다.

'좋아하는 일만 하고 살 수는 없다'는 이야기를 흔히 듣는다. 물론 목적지에 도달하기 위해서는 때로 그 자체는 별로 하고 싶지 않은 행동 또한 하게 될 때가 있다. 그러나 저 말은 대부분 궁극적인 목적을 위해 자신의 필요와 욕구를 희생하라는 뉘앙스를 담고 있다. 혹은 자기 자신이 원하는 바를 포기하면서 집단이나 상황의 요구에 스스로를 맞추라는 뜻으로 사용되기도 한다.

그러나 심층적인 분석을 통해 스스로의 목표와 상태를 있는 그대로 보고 설정한 후라면, 자신이 원하는 것과 현재의 욕구가 서로 대치되지 않게 된다. 도달하고자 하는 곳을 생각하면 우리는 목적지로 향하는 그 길 자체를 즐길 수 있게 된다. 결국 이 모든 것이 본인을 기준으로 삼아 결정된 것이기 때문이다. 타인을 기준으로 삼지 않고 비교하지 않은 채 자신만을 놓고 생각하면서 우리는 즐겁게 공부하고 일할 수 있게 된다. 또한 만일 그 길이 생각보다 더 힘든 길이고, 예상보다 심리적인 부담이 더 커 손해가 이득을 넘는다고 느껴진다면 얼마든지 자발적으로 놓아버릴 수 있기 때문에 더욱 그렇다. 이제 목표를 위해 수행해야 하는 단계들은 '해야 하는 것'이 아니라 '하고 싶은 것', '하고자 하는 것'이 된다.

이렇게 본질적인 이득을 주는 길에서도 이를 포기할 수 있음을 아는 건 중요하다. 포기할 수 있는 것만이 당신의 자유로운 선택이라 할 수 있기 때문이다. 포기하지 못하는 것은 선택이 아닌 집착과 강박이다. 이는 곧 결정의 기준에 당신 자신보다도 그것이 우선시되고 있음을 의미한다. 당신 자신을 위해서라면 뭐든지 버릴 수 있어야 한다. 그리고 어떤 자원이건 버릴 수 있게 될 때에서야 정말 그 효용을 다해 사용될 수 있다.

일시적이고 마취적인 이득은 현 상태를 개선하지 못하는 이득을 일컫는 것이며, 때로 이는 중독으로 이어지게 된다. 여기서 우리는 중독의 기준을 보다 명확하게 이야기하고자 한다. 의미가 보다 명확하게 이해될 것이다.

중독은

1) 스스로에게 더 이상 즐거움이나 득을 주지 않는 행동을

2) 반복적이고 일상적으로 행하면서

3) 이를 끊어낼 수 없거나 혹은 끊어낼 생각이 없는 상태다.

결국 중독은 상황을 본질적으로 바꾸는 것이 아니라 일시적인 마취 상태에 빠지도록 하는 습관이다. 중독은 삶이 개선되지 않도록 가로막는 가장 큰 장애물 중 하나다. 본질적인 이득을 주는 행동과 중독적인 행동은 고전 음악은 고상하고 대중음악은 질이 낮으니 고전음악은 전자에 속하고 대중음악은 후자에 속한다는 식으로 그 영역을 구분할 수 있는 게 아니다. 여기서도 기준은 당신 자신이다.

예를 들어 게임의 경우를 보자. 똑같이 게임을 하더라도 당신이 그곳에서 이익을 얻고 있는가의 여부에 따라 실질적인 이득을 주는 행동인지 혹은 중독적인 습관인지가 구별된다. 게임을 통해 당신이 정말 스트레스를 해소하고 즐거울 수 있다면 이는 전자에 속한다. 그러나 만일 더 이상 즐거움을 주고 있지 않은 상태인데도 다른 선택지를

알지 못하거나 혹은 익숙한 습관이기 때문에 시간을 때우듯 게임을 하고 있다면 이는 중독의 영역에 속한다. 득이 되지 않는 인간관계를 놓지 않고 지속하고 있는 경우는 중독의 대표적인 예다.

삶에서의 미니멀리즘은 결국 자기 자신에게 모든 역량을 집중할 수 있도록 한다. 즉 뇌의 가용한 에너지를 최대한 효율적으로 사용하는 법을 배우는 과정이다. 이는 불필요한 곳에 소모되던 비용을 절감해 정말 필요한 곳에 쓰일 수 있도록 한다.

여기서도 정체성의 가변성은 중요하다. 중독은 보통 변화의 가능성을 완벽하게 신뢰하지 못하는 데에서 오기 때문이다. 즉 미래에 대한 확신이 불충분하기 때문에 현재의 소모적인 자극에 집중하게 되는 것이다. 그러나 정체성이 가변적이고 우리의 의도대로 새로이 만들어질 수 있다는 것은 곧 우리의 미래에 어떤 한계나 제약도 없다는 것을 의미한다. 미래에 대한 기대와 그에 따른 행동이 수반된다면 중독은 빠르게 개선된다.

- **무기력함 탈피하기; 자아효능감을 충족시키는 페미니즘 실천**

무력감은 모든 정신 병리로 이어지는 근본적인 배경이다. 무력감은 현실을 바꾸기 위해 할 수 있는 행동이 없다고 느껴지거나 미래 또한 크게 다를 바 없을 거라는 생각에서 온다. 우리가 맨즈 시스템의 영향력을 제거하고 스스로의 길을 가는 과정에서 가장 문제가 되는 것은 무력감이다. 분노는 원동력이 되지만 무력감은 우리를 한 자리에 주저앉힌다.

중요한 건 미래에 집중하는 것이다. 스스로를 분석하는 것은 문제가 있을 때 해결법을 모색하는 탐구 단계이며, 실제로 우리의 생각과 현실을 바꾸는 것은 실천과 행동이다. 당신 자신은 과거의 총합체가 아니라 미래를 향한 잠재태다. 모든 하루를 철저히 자신을 중심으로 배치하고 사용하면서 오롯이 자신만을 위해 사는 건 무력감을 저 멀리 쫓을 수 있는 가장 효과적인 방법이다. 모든 문제와 마찬가지로 무력감 또한 가장 두려워하는 것을 직접 공략함으로써 해결된다. 즉 행동하는 것 자체가 무력감의 해결책이다. 이 파트에서는 무력감에서 벗어나 목표를 추구할 수 있도록 구체적인 방법론을 이야기하고자 한다.

1) 제한된 수의 목표에 집중해라

때로 무력감은 해야 하는 일의 가짓수가 지나치게 많을 때 발생한다. 지나치게 많은 선택지가 있을 때 사람들은 종종 차라리 선택을 하지 않기를 선택한다. 3부의 앞선 파트들에서 설명한 방법론들을 바탕으로 당신의 목표를 아주 좁은 범위로 한정하라. 당신의 역량 모두를 활용해야 하는 계획보다는 역량의 70퍼센트 정도만을 활용하는 계획을 수립하는 것이 무기력을 방지하는 데에 효과적이다.

무기력을 탈피하는 데에 특히 도움이 되는 것은 성취의 경험이다. 무력감의 반대는 상황에 대한 통제력을 바탕으로 한 자신감, 즉 스스로의 힘으로 상황을 헤쳐 나갈 수 있다는 감각이다. 성취의 경험이 축적되면서 이 감각은 서서히 쌓인다. 성취 가능한 목표를 설정하는 것은 효능감을 확보하기 위한 첫 번째 단계다. 한 가지 목표에만 집중하는 것은 그 점에서 특히 메리트를 지닌다. 지나치게 많은 목표를 동시에 수행하는 것은 목표치에 얼마나 도달했는지를 파악하기 어렵기 때문에 성취의 감각을 쌓는 데에는 큰 도움이 되지 않을 가능성이 높다.

2) 목표까지 이르는 단계를 아주 작은 단위까지 세분화해라

단순히 '공부를 한다'는 등의 한 가지 모호한 목표만을 설정해 두는 것은 무력감으로 이어지기 쉽다. 구체적인 목표와 구체적인 단계들이 필요하다. 스스로에 대한 분석을 통해 목표를 수립하고 대략적인 방안을 수립했다면 이를 작은 단위로 잘게 쪼개라. 이를 통해 우리는 매일 조금씩 목표로 향하고 있다는 성취의 감각을 얻을 수 있다. 단계를 작은 단위까지 나누는 것은 또한 목적지까지 가는 과정에서 길을 잃지 않도록 만들며, 한 단계가 끝날 때마다 다음 단계를 새로 고민할 필요가 없도록 해 불필요한 시간과 정신의 낭비를 줄인다.

3) 건강한 습관을 만들어라

일정한 시간에 일어나고, 운동을 하고, 식사를 해라. 그리고 피아노를 치거나 명상을 하는 등 스트레스를 근원적으로 해소할 수 있는 취미를 습관으로 만들어라. 그리고 최소한 일주일에 한 번 정도는 그 주를 점검하고 앞으로의 계획을 수정할 수 있는 시간이 필요하다. 이런 중간 점검은 생각날 때 한 번 하는 일이 아니라 삶의 습관이 되어야 한다. 이렇게 자신을 지지하는 장치들을 인공적으로 만들어 배치해둠으로써 우리는 무기력한 느낌과 건강하지 못한 감정들이 머릿속을 지배하는 것을 어느 정도 방지할 수 있다.

1번과 2번의 방법은 페미니즘 운동 영역에서도 적용될 수 있다. 페미니즘을 접하고 지지하는 사람들이 무력감을 느낄 때는 보통 현실이 바뀌지 않을 것 같고 맨즈 시스템이 갖고 있는 힘이 자기 자신에 비해 매우 거대하게 느껴질 때다. 때문에 지속적으로 소진되지 않고 이 길을 가기 위해서는 성취와 변화의 감각이 중요하다.

페미니즘 운동 내에서도 한두 가지 목표에만 집중하는 것은 마찬가지로 효능감을 확보하는 데에 도움이 될 것이다. 맨즈 시스템의 영향력은 상당하고 새로운 여성 혐오 사건은 매일 일어난다. 참여해야 할 일들도 항상 많다. 그러나 성취와 효능의 감각을 느끼기 위해서는 한두 가지 정도로 지금 집중하고자 하는 의제를 정해두는 것이 도움이 된다. 이를 통해 우리는 분노를 다만 표출하는 데에서 그치지 않고 전략적으로 활용해 실제로 현실을 바꾸어낼 수 있게 된다. 작게는 주변 사람 한 명만을 타겟으로 삼고 특정 이슈를 납득시킨다거나 혹은 명쾌하게 납득이 가지 않는 페미니즘 분야 내의 고민이 있을 때 한 가지 주제만을 끝까지 파고들어가는 게 있을 것이다.

우리 모두가 지치지 않고 오랫동안 즐겁게 여성의 인권을 지지하기 위해서는 역설적으로 온 몸을 던져 적극적으로 참여하는 때가 필요하다. 그래야만 설정해 둔 구체적인 목표에 도달할 수 있기 때문이다. 타인이 당신의 목표를 대신 이루어준다면 이상이 이뤄졌더라도 당신은 성취감은 전혀 느끼지 못한다. 이 말은 페미니즘에 온 인생 전체를 투자하라는 것이 아니다. 해결되지 않고 계속 마음을 무겁게 하는 일이 있을 때 적극적으로 나서 끝을 보라는 이야기다.

예를 들어 불공정한 법을 개정하고 싶다고 하자. 적극적으로 참여해 '대강 이 정도면 됐겠지' 정도의 기준으로 참여하게 되면 실제로 바뀌는 것은 아무것도 없다. 항상 그래왔듯 여론을 달래는 수준의 성의 표현 정도로 그치게 될 것이다. 그러나 그 한 가지 이슈에 매달려 우리 각자가 갖고 있는 능력을 쏟는다면 생각보다 할 수 있는 행동이 많다는 걸 알게 된다. 만약 실패하게 되더라도 행동의 선택지가 확장되는 것만으로 무력감은 어느 정도 해소된다. 현실 속에서 무언가 할 수 있는 일이 있다는 것을 알게 되기 때문이다.

생각을 현실로 옮김으로써 우리가 할 수 있는 일의 범위는 점점 확장된다. 이처럼 하나씩 목표를 전략적으로 수립하고 실천에 옮기면서 우리는 단순히 맨즈 시스템을 거부하는 데에 그치지 않고 우리가 생각하는 이상을 현실 속에서 만들어갈 수 있게 된다. 그렇게 우리는 앞서 차라투스트라에서 발췌한 내용처럼 <u>창조하는</u> 길을 걸을 수 있게 된다.

• 원하고 거머쥐어라

맨즈 시스템 속에서 우리는 주어진 자리에서 주어진 역할을 완수하는 것을 성취라고 믿게 되었다. 그러나 그것이 과연 우리 자신이 처음부터 원하던 것이었는가? 경기에 참가하기도 전부터 패배를 학습하도록 만들어진 이 체제 속에서, 우리는 처음부터 무언가를 원하지 않는 것이 고통을 줄일 수 있는 현명한 선택이라고 배웠다.

여성에게 강요된 책임감은 실패하지 않기 위한 완벽주의로 이어진다. 마침내 우리는 실패할 가능성이 커 보이는 길은 고르지 않고 오직 어느 결과가 보장되어 있는 길을 택하게 되었다. 그러나 목표의 달성에 있어 중요한 것은 우리가 지금 무얼 갖고 있느냐가 아니다. 목표를 갖는 데에 자격조건은 필요하지 않다. 모든 것은 다만 상태일 뿐이다. 필요한 것은 목표에 도달하는 방향과 방법뿐이다.

실패 또한 우리를 흔들지 못한다. 맨즈 시스템의 모든 규범과 평가 체제를 거부한 후 남는 것은 오직 우리 자신이다. 모든 강제된 틀을 하나씩 내려놓으면서 우리의 몸과 정신은 점점 가벼워진다. 뭐가 문제인지도 정확히 깨닫지 못한 채 그 공허를 가짜 성취와 가짜 위안으로 끊임없이 채우는 블랙홀 같은 삶에서 벗어난다.

현실을 고려하는 것과 현실과 타협하는 것은 전혀 다르다. 세계는 애초부터 확정될 수 없으며 그건 규범 내에서도 마찬가지. 그러나 맨즈 시스템은 마치 그들이 그어 둔 선 밖에는 손을 쓸 수조차 없는 규모의 거대한 공포가 숨어있는 것처럼 우리의 귀에 공포를 흘려 넣는다. 그렇게 우리는 적국의 국민들이 실제로 머리 위에 뿔이 달리고 엉덩이에는 돼지 꼬리가 달려 있다는 식의 미신을 주입받는다. 그러나 선 밖으로 나가면 실제로 그 사람들 또한 다만 인간일 뿐이며, 사실 맨즈 시스템이 구획한 세계 밖에는 아무것도 없다는 걸 알게 된다.

이 '아무것도 없음'의 상태는 공허한 무의 상태가 아니다. 오히려 우리의 손아래서 무언가 그려지고자 하는 하얀 도화지다. 그 앞에서 우리는 어렸을 적 찰흙을 빚어 세상을 만들어냈을 때와 같은 무한한 가능성과 자유를 갖게 된다. 그때 찰흙으로 만들었던 세계가 진짜 세계의 축소판이었다면 이번의 찰흙놀이는 세상 그 자체를 재료로 삼는다.

세계는 결국 더 강한 의지를 갖고 에너지가 더 높은 곳으로 흘러간다. 확신을 가지고 스스로가 원하는 것을 추구할수록 우리는 더 많은 것을 얻게 된다. 우리가 울타리 안에서 벗어날 수 없도록 발목에 달아 두었던 무력감과 공포, 학습된 약자성이라는 족쇄를 버리고 밖으로 나가라. 더 많은 것을 보고, 듣고, 배우고, 원하고, 요구하고, 성취하라. 이 정도에서 만족하겠다는 말은 맨즈 시스템에서 수행하고 있던 배역의 것으로 남겨 두고 당신은 어린아이처럼 끝도 없이 원하고 가진 만큼 더 원해야 한다. 그러다 정말 만약에 우리가 다시 세상

속으로 돌아간다고 해도 그건 부끄러운 퇴각이 아니라 즐거운 휴식
이 될 것이다. 그래도 우리는 두 눈으로 세상을 직접 보았으므로.

• 여성 개인의 성공은 곧 다른 여성의 성공으로 이어진다

한 마리의 양이 울타리를 넘어간다. 다른 양들도 그 양이 울타리를 넘어 탈출하는 것을 본다. 탈출한 양은 주위를 돌아다니면서 냄새를 맡는다. 여기저기의 풀을 씹어보기도 하고 별다른 목적 없이 땅을 파보기도 한다. 점점 울타리 속의 양들은 바깥이 궁금해진다. 가로막히지 않은 바람이 털을 스치는 느낌이 어떤지 그들은 아직 겪어 본 적이 없다. 생각보다 울타리 밖은 위험해 보이지 않는다.

여성 개인의 성공은 그 자신만의 성공이 아니다. 성공한 여성은 존재 그 자체만으로도 모든 여성에게 득을 준다. 그는 다른 여성들 또한 성공의 가능성을 점쳐볼 수 있도록 만든다. 세계에 '할 수 있다'는 흔적을 또 한 번 남긴다. 맨즈 시스템이 여성에게 정해 둔 성공의 임계점을 넘어간 이탈자는 시스템에 또 한 번의 작은 균열을 낸다. 견고해 보이던 벽에는 그렇게 점점 틈이 벌어진다.

그렇게 여성 개인의 성공은 곧 다른 여성의 성공으로 이어진다. 그가 페미니즘을 목표로 의식하고 있지 않더라도 그렇다. 그가 얻은 힘은 성공한 여성이라는 이미지에 주위 사람들이 익숙해질 수밖에 없도록 만든다. 여성의 역할로 인식되는 사회적인 영역 또한 함께 확장된다.

여성 개인의 성공은 곧 집단으로서 우리가 갖는 발언권의 규모를 확대시킨다. 예를 들어 기업 고위직에 진출한 여성이 많아질수록 자연스럽게 기업의 문화는 여성 친화적인 방향으로 변화하게 된다. 〈린 인〉의 저자 셰릴 샌드버그는 자신이 임신하기 전까지는 회사에 임신한 여성에 대한 복지가 거의 전무한 상태였다는 것조차 인지하지 못했다고 이야기한다. 다른 일화에서 그는 중역으로 다른 기업에서 회의를 하던 중 그 층에 여성 화장실이 없다는 것을 듣게 된다.

한국에서 성매매는 하나의 비즈니스 접대 문화로 자리를 잡았다. 그리고 심지어는 아직도 널리 통용되고 있다. 이는 앞서 언급한 셰릴 샌드버그의 일화와 동일한 줄기에서 만들어졌다. 기업 내에서의 성매매 문화는 애초에 여성이 접대 상대로 고려되지 않았기 때문에 지금처럼 널리 통용될 수 있었다. 처음부터 모든 직원이 남성일 것으로 상정하면서 여성 배타적인 방식으로 구획된 맨즈 시스템의 구도는 영향력 있는 여성 개인의 등장을 통해 천천히 허물어진다.

비즈니스 영역이 아닌 다른 분야에서도 마찬가지다. 개인으로서 여성이 갖는 영향력이 커질수록 집단으로서 우리가 사회에 끼치는 영향력 또한 함께 증가한다. 무게가 쏠린 쪽의 눈치를 보지 않는 것은 불가능하다. 그리고 이는 다만 하나의 영역에 그치지 않고 사회 전반의 분위기로 이어진다. 여성 집단이 경제력과 지위, 명예 등의 사회적인 발언권을 갖고 있다면 정책을 수립하거나 미디어를 만드는 등의 과정에서도 당연히 우리의 눈치를 보게 된다.

성공한 여성 개인이 맨즈 시스템의 불합리를 인지하고 바꾸고자 한다면 더욱 유리하다. 성공한 여성이 조직 내의 문화를 형성할 때 여성 친화적인 방향을 의도적으로 선택한다면 변화는 더욱 빨라진다. 그렇게 우리는 남성의 자리를 먼저 만들어둔 후 남은 좁은 공간에 우리를 욱여넣는 맨즈 시스템의 규칙 너머에서 새로운 공간을 만들어갈 수 있다. 이 공간에서 우리는 남는 곳을 차지하기 위해 허덕일 필요가 없으며 우리가 먼저 자리를 차지할 수 있다. 여성의 주도 하에 만들어진 공간은 우리의 규칙을 따라야 하기 때문에. 이상을 공유하고 있는 우리가 각자의 분야 윗자리에서 의도적으로 다른 여성을 끌어준다면 이는 결국 여성 인권 전반을 상승시키게 된다.

우리는 울타리를 넘어가야 한다. 그럼으로써 우리는 울타리 속의 주어진 영역 안에 있는 파이를 우리끼리 나누어 갖기 위해 노력할 필요가 없어진다. 그 밖의 모든 세상은 우리의 영역이 된다. 우리 자신의 성공은 개인으로서의 성공일 뿐 아니라 집단으로서 우리의 권력을 키우고 영토를 확장할 수 있도록 만든다. 그리고 같은 이야기를 하더라도 성공한 자의 말은 더 넓은 범위에 더 크게 퍼진다. 성공한 자의 이념은 하나의 유의미한 가치관으로서 세간의 주목을 받는다.

결국 여성 개인의 성공은 단순히 개인으로서의 성공을 넘어 집단으로서 여성이 차지하고 있는 영역을 확장시킨다. 그리고 확보한 영향력을 어떤 방식으로 행사할 것인지를 결정할 때 집단으로서 우리가 향해야 할 길을 인지하는 것은 여성 전반의 인권이 더 빠른 속도로 향상될 수 있도록 돕는다. 2부에서 다뤘던 구체적인 주제들을 염두에 두고, 결과론적으로 여성 전반에게 어떤 방향이 더 득이 될 것인지를 고민하면서 우리는 개인으로서의 성공과 집단으로서의 성공 양자를 함께 이룩할 수 있다.

- **부록:** 응시하는 힘 The Power of gazing

흔히 사람의 눈에는 힘이 있다는 이야기를 한다. 시선은 곧 행위자의 주의가 어디에 머물러있는지를 보여준다. 인간의 힘은 시선이 머무는 한 가지 지점에 응축된다. 때문에 하인은 함부로 주인의 눈을 마주보지 않는다. 한국에서 하급자가 상급자의 눈을 똑바로 마주보는 것은 문화적 금기다.

마네의 〈올랭피아〉가 그려졌던 당시까지 여성은 이런 시선의 힘을 모두 상실한 채 잘 차려진 음식처럼 소비자를 다치게 할 만한 아무런 가시 없이 캔버스 위에 놓였다. 묘사된 여성들은 관람자와 눈을 마주치지 않거나 포용하는 듯한 온화한 표정을 짓고 있었다. 그들은 다만 꽃이나 화병처럼 단순히 미를 위해 배치되고 묘사된 대상일 뿐이었다. 관찰자의 시선은 캔버스 위로 묘사된 여성의 몸을 거칠 것 없이 훑을 수 있었다. 그러나 〈올랭피아〉에서 모델은 화면 너머로 관람자를 응시한다. 이제 관람자들은 그들이 관람하던 대상물의 시선에 피할 곳 없이 노출된다.

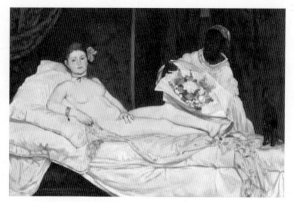

에두아르 마네, 올랭피아

시선은 공간을 구획하는 최초의 선이다. 한 공간 속에서 사람들 간의 구도를 만들고 관계를 정의하는 최초의 움직임은 시선이다.

〈올랭피아〉 앞에서 관람자들은 그들 자신의 시선을 기반으로 그림과 관계를 맺었던 기존의 방식을 파기하게 된다. 여기서 시선을 먼저 던지면서 이를 통해 공간을 구획하고 법칙을 만드는 사람은 묘사된 여성 쪽이다. 그림 속의 여성은 드디어 단순 대상물에서 벗어나 한 명의 인간으로서 캔버스 밖까지 생명력을 뿜어낸다. 여성을 그린 그림은 이제 정물화의 범주에서 벗어나 드디어 인물화가 된다.

여기서 우리는 능동성과 수동성의 은유를 읽어낼 수 있다. 시선을 던지는 것은 곧 자신의 에너지를 주체적으로 어딘가 외부에 위치시키는 것이며, 우리가 인간으로서 힘을 가지고 있음을 가장 명시적으로 보여주는 방법이기도 하다. 많은 여성들은 지하철에서, 버스에서, 길거리에서 무례하게 몸을 훑는 시선에 익숙하다. 여성으로서 우리는 시선을 던지기보다는 받는 데에 익숙하도록 만들어졌다. 타인의 시선은 곧 평가의 가능성을 함축한다. 때문에 우리의 몸은 위축되고 수동적인 자세에 익숙해진다.

알렉상드르 카바넬, 나폴레옹 III   알렉상드르 카바넬, 비너스의 탄생

이 두 그림은 〈올랭피아〉가 살롱 드 파리Salon de Paris에 출품되었을 무렵의 그림들이다. 〈비너스의 탄생〉은 〈올랭피아〉가 당시 왜 그리도 구설수에 휘말렸는지를 명백히 보여준다. 〈올랭피아〉 또한 지금 우리의 시선에서는 여성을 성적으로 대상화하는 가부장적 풍조로를 한껏 담아내었다는 비판으 부터 절대 자유로울 수 없지만, 그럼에

도 당시 극찬을 받았던 〈비너스의 탄생〉과는 명백한 차이를 보인다. 이러한 주체-대상 간의 격차는 특히 카바넬의 다른 그림, 〈나폴레옹 III〉과 비교했을 때 더욱 명백해진다.

현대 사회 또한 이러한 능동-수동 관계로부터 자유로울 수 없다는 건 여전히 〈The Womkind〉와 같은 책들이 나오는 이유이기도 하다. 아직도 여성은 대상화에서 자유롭지 못하며, 이는 성적인 영역뿐만 아니라 정신적으로도 우리를 약자의 위치에 위치하도록 만든다.

우리를 진정 자유롭게 만드는 것은 구획 속에 머무른 채 이를 비판하고 거부하는 수준의 행동이 아니다. 당시로서는 파격적이었던 〈올랭피아〉의 대범하게 규범을 마주하는 〈confrontational〉시선도 여전히 미술사에서 여성을 조명하던 방식 속에 머물러 있다. 이런 관점에서 〈올랭피아〉의 여성은 여전히 대상으로서의 위치에서 벗어나지 못한 채다. 모델의 응시하는 시선 또한 기존의 규범에 대한 거부의 몸짓에 그친다.

가부장제에 대한 메갈리아의 비웃음의 전략 또한 〈올랭피아〉와 비슷한 층위라 이야기할 수 있다. 메갈리아는 가부장제의 부조리를 설득하기보다는 웃어넘기고 경멸함으로써 여성에게 세계를 평가할 권력을 돌려준 시작점이었다. 웃음과 경멸은 가부장제의 평가와 가치 척도가 여성에게 끼치는 영향력 자체를 약화시켰다. 또한 메갈리아는

이야기의 청자를 가부장제가 아닌 여성 자체로 상정함으로써 가부장
제에 불합리를 수정해 주기를 호소하던 기존의 방식을 넘어서 여성들
간의 유대를 형성할 수 있는 토대이기도 했다. 그러나 가부장제의 부
조리가 먼저 존재한 후 이에 대한 반응을 하는 방식이었다는 점에서
메갈리아는 〈올랭피아〉가 가졌던 한계와 동일한 한계를 갖는다.

우리는 당시 메갈리아가 도달해 있던 단계보다 한층 더 나아간 곳
을 지향해야 한다. 우리는 부조리를 타파하는 수준을 넘어 새로운
Womkind의 조류를 만들고 퍼트려야 한다. 시선을 먼저 던지듯 세
계를 선점하고 규칙을 만듦으로써 우리는 우리의 법과 규칙대로 새
로이 세계를 재구성할 수 있다. 메갈리아의 비웃음 전략이 어둠 속에
서의 횃불이었다면 우리가 이제 취해야 할 전략은 단순히 밤을 밝히
는 것을 넘어 새로운 새벽을 여는 것이다.

힘은 평가하는 자의 위치를 먼저 점유하는 데에서 온다. 이 단순하
고도 명쾌한 규칙을 체화함으로써 우리는 빠르게 다음 단계로 이행
할 수 있다. 이는 개인으로서 그리고 집단으로서 우리가 나아가야 할
길에 대한 시사점을 던진다.

단순히 맨즈 시스템이 가져오는 문제를 지적하는 데에 그치지 않
고, 우리를 포섭한 적이 없는 규범 자체에서 벗어나오면서 여성 개인
은 자유로워진다. 캔버스 속에서 나와 두 발로 세계를 단단히 딛고

정물이 아닌 인간으로서 살아갈 수 있게 된다. 기존의 규범을 벗어난 인간은 모든 평가의 주체가 될 수 있다. 그가 이야기하는 것이 곧 그의 세계 속에서 새로운 규범이 되므로.

개인으로서 우리는 평가하는 권력을 확보하면서, 즉 세계에 먼저 시선을 던지는 자가 됨으로써 스스로를 대상화하던 습관으로부터 벗어날 수 있다. 스스로에게 그럴 수 있는 힘이 있다는 것을 인지하고 이를 실제로 현실에서 시험해보면서 점차 우리는 약자성을 벗고 스스로의 주인으로 거듭날 수 있게 된다. 이는 우리가 세계에 대한 환멸 없이 지속적으로 여성주의적인 움직임을 이어갈 수 있는 출발점이다. 앞선 3부의 첫 번째 단계에서 이야기했던 방법론들은 여성 개인이 캔버스의 범위를 벗어나도록 돕는다.

이렇게 캔버스를 벗어난 개인이 갖고 있는 창조의 힘은 하나의 집단으로서 한 방향을 바라보고 뭉칠수록 더욱 강력하게 발휘된다. 집단으로서 우리는 가부장제에 대한 거부와 저항은 물론 그 이후 우리가 만들 수 있는 새로운 세계에 대해 끊임없이 생각하고 논의해야 한다. 힘은 먼저 길을 걷는 자에게 있고, 우리는 우리를 포섭한 적이 없는 규범을 벗어던짐으로써 모든 길을 택할 수 있는 자유를 얻었으므로.

2. 집단

• 집단으로서 우리는 힘을 가진다

여성 개인이 온전한 행복을 누리기 위해 여성주의 운동은 필수적이다. 앞서 성공한 여성 개인이 존재 자체로 여성 인권의 향상에 기여하게 된다는 이야기를 했다. 개인이 사회에 영향을 끼치는 것처럼 사회 또한 개인에게 영향을 끼치며, 여성 개인의 행복을 위해서도 여성주의 운동은 필수적이다.

우리는 집단으로서 힘을 가진다. 우리의 잠재적인 아군은 총 인구의 절반이다. 이상을 공유하는 사람들의 수는 곧 우리가 활용할 수 있는 힘이자 사회적 발언권이기도 하다. 그리고 집단 내의 개인들이 보유한 권력의 총합은 곧 그 과정에서 우리가 사용할 수 있는 힘이다. 결국 중요한 것은 얼마나 많은 사람이 우리의 이상을 공유하고 있는지 그 숫자와, 우리 개인이 갖고 있는 권력의 총체적 규모다.

지지하는 인구가 많아지면 우리가 행동할 수 있는 범위는 훨씬 확장된다. 여성 총 파업의 예는 우리가 추구하는 이상이 더 많은 사람들에게 퍼져나갔을 때 무엇을 할 수 있는지를 보여준다.

이데올로기가 맨즈 시스템의 현 구도를 만들었던 것처럼, 우리 또한 Womkind의 새로운 이데올로기를 전략적으로 전파해야 한다. 옳음과 정의를 호소하는 기존의 전략 외의 다른 전략이 필요하다. 무게를 우리 쪽으로 끌어온다면 결국 분위기는 달라진다. 결과론적으로 접근하면서 각자의 분야에서 각자 갖고 있는 능력을 활용해야 한다.

'형제여, 너의 사랑 그리고 창조와 함께 고독 속으로 들어가라.
그러면 정의는 뒤늦게 절뚝이며 네 뒤를 따라올 것이다.'

사람들은 결국 에너지가 더 큰 곳, 더 많은 힘을 갖고 있는 곳의 이야기를 듣는다. 우리의 이야기를 들을 수밖에 없도록 힘을 키우면 정의는 '뒤늦게 절뚝이며 뒤를 따라온다'. 우리에게 중요한 것은 페미니즘의 정의와 가치를 대중에게 설파하는 것이 아니라 이를 믿을 수밖에 없도록 만드는 것이다.

대중이 한 사상의 정의로움을 알게 되었을 때 이를 따라올 거라는 기대를 버려야 한다. 사람들은 대부분 세계가 올바르게 작동하고 있는가를 세심하게 살피고 정의의 원칙에 따라 행동하기보다는 주변 사람들과 사회의 시선에 따라 스스로의 주관을 설정하고 조정한다.

우리가 해야 하는 과제는 여성을 기준점으로 둔 새로운 가치 체계의 창조와 전파, 그리고 맨즈 시스템에서 비롯된 차별적 메시지의 말소다. 이 두 가지는 함께 진행된다.

먼저 우리는 Womkind, 즉 맨즈 시스템의 체제를 거부하고 우리 자체의 영역을 만들기로 결심한 사람들의 사상을 새롭게 직조해내야 한다. 맨즈 시스템의 긴 역사로부터 만들어진 모든 체제와 문화를 대체할 수 있는 새로운 영역을 만들어야 한다. 범위를 넓히고, 그 내부의 층위를 더욱 다양화해야 한다. 이는 맨즈 시스템 속의 정해진 파이를 더 많이 분배해 달라는 단계를 넘어 우리 자체가 새로이 우리의 것을 구획하고 만들 수 있게 한다.

남성적 규범을 거부하고 여성의 영역을 새로이 확보하려는 관점에 뿌리를 둔 새로운 흐름은 이미 태동하고 있다. '평가하지 말라'는 외침에서 벗어나 우리의 손으로 평가의 기준을 창조하려는 움직임은 개인적인 동시에 집단적인 움직임이다. 변화는 양자에서 동시에 일어난다. 대상으로서 스스로의 값을 매기는 습관을 제거한 후, 각자의 영역에서 이 흐름을 잇고 완성하고 지지하면서 Womkind의 흐름이 새로운 조류가 될 수 있도록 해야 한다.

• 여성의 성공을 뒷받침할 단체가 필요하다

여성은 성공에 필요한 특성들, 예를 들어 진취성이나 도전, 야망과 같은 특성들을 가지기 어렵도록 교육된다. 이는 여성이 직업적인 성취의 경쟁에 참여하지 않는 것을 상정하고 있기 때문이다. 기업의 임원은 여전히 대부분 남성이며 어떤 집단에서건 결정권을 쥐고 있는 사람들 또한 남성이다. 그들은 자신의 뒤를 이을 후계로 대부분 당연히 남성을 생각한다. 남성들의 카르텔 속에서 여성은 마치 키가 매우 작거나 몸이 매우 왜소한 것처럼 처음부터 타인이 자신을 얕잡아 보도록 하는 특성을 갖고 있는 것처럼 생각되며 그들 또한 이를 알고 있다. 이는 취업시장에서도 똑같이 작용한다. 〈린 인〉에서는 이러한 남성들을 '온정적 성차별주의자'라 표현한다.

결국 여성과 남성이 똑같은 위치에 도달하기 위해서 들여야 하는 노력의 양에는 많은 차이가 있다. 성공을 위해 필요한 자원은 남성에게 훨씬 풍부하게 갖추어져 있다. 성공한 롤모델, 성공하도록 꿈을 불어 넣는 주변의 분위기, 인맥을 쌓기 쉬운 분위기 등. 이러한 불리한 출발선을 극복하기 위해서 우리는 여성에게 프리미엄을 주는 집단을 만들어야 한다. 그리고 이 집단은 단순 친목보다도 성공이라는 목적에 충실하게 기능하는 것을 우선시하면서 실효성 있게 운영되어야 한다. IT 계열에 종사하는 여성들의 모임 등 최근 이러한 단체들이 활발히 조직되고 있다.

맨즈 시스템은 여성이 사랑이나 배려 등 타인과의 관계를 삶의 중심으로 둔 채 살아가도록 유도하지만, 그럼에도 여성들은 각종 분야에서 두각을 드러낸다. 수능 성적에서 여성이 남성보다 높은 평균점수를 보인다는 것은 잘 알려져 있다. 시험으로 지원자를 뽑는 분야에서 여성 지원자들은 대개 남성보다 높은 성적을 보이곤 한다. 우리는 이런 성공을 다만 개인의 영역에서만 수행하도록 하는 것이 아니라, 성공한 선배의 조언을 듣고 실제로 서로를 남성들의 카르텔에서 그러하듯이 밀어주고 당겨줄 수 있어야 한다. 또한 직업적 영역에 그치지 않고 이후를 위해 더 나은 환경을 만들려는 시도까지 함께 이루어진다면 여성 전반의 발언권을 더 높일 수 있는 좋은 발판이 될 것이다.

이처럼 단체에 소속된 사람들에게 충분한 지원과 뒷받침을 해준다면 여성 프리미엄 집단은 성공한 여성상을 선망의 대상으로 만드는데에도 일조한다. 이처럼 집단 구성원들에 한정해 배타적으로 이익을 나누는 것은 유태인들이 소수 집단임에도 불구하고 많은 권력을 잡을 수 있는 요인이기도 하다. 특히 우리의 이상을 공유하고 있는 모임이라면 역으로 집단 내에 소속되기 위해 Womkind의 이데올로기를 흡수하도록 만들 수 있을 것이다. 사람들은 성공한 자의 이야기를 귀 기울여 듣는다. 생각보다 이런 이상을 공유하고 있는 사람들의 수는 많다. 우리가 조직적으로 뭉쳐 그 속에서 모든 이익을 분배한다면 기울어진 운동장을 인공적으로 복원할 수 있는 발판이 될 것이다.

힘을 한 데 모아 조직적으로 그리고 전략적으로 움직여야 한다는 점
에서도 단체의 형성은 중요하다.

• 경제력은 곧 힘이다

　자본주의 사회에서 경제력은 곧 힘이다. 그리고 맨즈 시스템에서 우리에게 요구해 온 것들은 결국 경제력의 확보를 방해한다. *"겸손함, 자기 반성, 양보처럼 여성에게 권장되어온 미덕은 하나의 태도에 불과해 보이지만 스스로의 성과를 낮게 평가하게 하고, 받아야 할 보수를 요구할 때 머뭇대게 한다. 이는 경제력에 타격을 준다 … 스스로 마음 편하게 제시할 수 있는 금액 자체가 남성에 비해 낮다. 그리고 일을 맡기는 쪽도 그럴 것으로 기대한다[11]"*. 그러나 자기성찰을 통해 우리는 우리의 앞을 막는 특성들이 무엇인지 객관적으로 파악할 수 있으며 이러한 성격적 특성을 다른 보다 도움이 되는 특성으로 교체할 수 있다.

　성공하려는 의지를 갖고 주위의 모든 것들을 당신의 손에 쥐려 노력해라. 연애나 결혼, 출산 등을 미리 고려하면서 당신의 꿈의 크기를 줄이지 말라. 영향력을 손에 쥔 여성이 많아지고 리더가 된 여성이 많아질수록 상황은 개선된다. 현대 사회에서 기업은 국가보다 더 큰 영향력을 갖고 있는 것으로 종종 이야기된다. 기업은 국가와는 다른 기능을 한다. 국가는 운영하고 관리한다면 기업은 소비문화를 통

11　잃어버린 임금을 찾아서, 이민경

해 사람들을 새로운 방향으로 이끌어 간다.

물건을 판매하는 것은 곧 그 물건을 사용하는 문화를 함께 판매하는 것이다. 핸드폰을 판매하는 것은 핸드폰을 사용하는 문화를 판매하는 것이며 커피를 판매하는 것은 카페 문화를 퍼트리는 것이다. 이런 관점에서 기업의 의사결정자들이 Womkind의 이상을 공유하는 것은 우리의 이념이 빠르게 확산될 수 있도록 돕는다. 광고는 선망하는 이미지의 총집합체인 동시에 새로운 트렌드를 만들어낸다. 전략적으로 기존의 이미지로부터 크게 벗어나지 않은 방향에서 시작해 거부감을 줄여 자연스럽게 우리의 생각이 퍼져나가도록 만들어야 한다.

우리는 사용할 수 있는 모든 방법을 동원해 경제력을 거머쥐어야한다. 체제를 단순히 거부하는 것은 방어적인 수단에 불과하며 우리의 영역을 넓히지 못한다. 이는 여성 개인의 2단계와 3단계 간의 차이와 비슷하다. 즉 맨즈 시스템의 모순점과 문제를 알고 있는 것과, 새로운 지향점을 제시하고 실제로 이를 추구하는 것의 차이다. 실제로 우리의 소유인 영역을 만들고 구획함으로써 우리는 변화를 일으킬 수 있다. 결국 중요한 것은 영향력을 가져오는 것이며, 기업은 현대 사회에서 가장 큰 영향력을 행사하고 있기 때문에 그 분야 내에 더 많은 여성이 유입되어야만 우리가 더 많은 발언권을 획득할 수 있다.

결국 돈은 힘이다. 그러나 구분되어야 할 것은 소비와 생산의 차이다. 소비로서의 힘은 여러 개인이 모였을 때에만 의미를 가지며 결국 수동적으로 반응하는 데에 그친다. 그러나 생산은 그 자체로 새로운 분위기를 만들어갈 수 있다. 여성 개인은 남성에 비해 더 구매력이 큰 것으로 이야기된다. 그러나 그럼에도 판매자들은 여전히 여성의 목소리를 충분히 반영하지 않는다. 이것이 의미하는 것은 소비로서의 권력이 그리 크게 영향을 끼치지 않는다는 것이다. 진정 영향을 끼치는 힘은 소비보다도 자본 자체를 축적하는 것이다. 더 많은 여성들이 삶 속에서 자본의 축적을 중요하게 생각할수록 여성 전반의 경제적 권력은 향상된다.

• 미디어의 활용

미디어는 인간의 사고를 구획한다. 어떤 인간이 뛰어나고, 어떤 외모나 태도를 가진 사람이 멋있게 보인다는 개인적인 판단도 결국에는 미디어에서 보여주는 특정한 인물상으로부터 영향을 받은 결과다. 미디어는 경제나 법처럼 영향력을 직접적으로 확인할 수는 없지만 우리의 사고 자체를 만든다는 점에서는 그보다 더 큰 파급력을 가진다. 맨즈 시스템이 미디어를 통해 여성의 삶의 기준을 확립해왔던 것처럼 우리 또한 이를 적극적으로 이용해야 한다.

능동적 여성상의 부각 그리고 다양화

현재의 능동적 여성상은 대부분 맨즈 시스템에서 수용할 수 있는 범위를 넘어서지 않은 평면적인 모습에 그친다. 예를 들어 한국의 드라마에서 등장하는 소위 주체적인 여성 인물은 여전히 문화적으로 통용되는 외적 여성성의 범위 안에 머물러 있다. 또한 앞서 2부에서 한 차례 언급했던 것처럼 남성 인물들만큼의 능동성을 갖고 있지도 못하다. 그리고 특히 드라마에서 그들은 대개 남성 배우자나 연인과의 관계를 중점으로 그려진다. 아직 미디어 속의 여성 인물에게 허용되는 능동성의 범위는 그 정도에 그쳐 있다.

또한 미디어에서 묘사되는 여성 인물들의 범위는 남성 인물들만큼 그 폭이 넓지 않다. 남성 캐릭터는 매우 다각적으로 다양한 인간의 모습을 보여준다. 악역과 선역을 막론하고 남성 인물들은 수많은 삶의 목표를 그만큼 다양한 방식으로 추구한다. 남성 캐릭터는 가시화되는 영역 자체가 여성 캐릭터에 비해 매우 넓다. 특히 배우 유해진 등을 위시한 일군의 남성 배우들이 주로 맡곤 하는 소위 감초 캐릭터와 같은 희극적인 역할은 거의 전부 남성의 차지다.

지금 한국의 미디어 속에서 여성이 등장하기 위해서는 가부장제에서 규정한 성적 매력의 척도에 부합해야만 그 자격을 얻을 수 있는 것 같다. 아나운서의 경우는 명시적이다. 남성 아나운서들은 그 나이도 매우 다양한 것은 물론 정형화된 미의 기준이 덜 요구되는 것으로 보인다. 전현무 아나운서나 손석희 아나운서의 경우처럼 소위 규범적인 외적 매력의 범주에서 벗어나 있는 여성 아나운서는 브라운관 속에서 찾아보기 어렵다. 안경이라는 특정한 액세서리를 생각해 보면 더욱 분명해진다. 아나운서를 비롯해 미디어 속에서 묘사되는 여성 캐릭터들 중 안경을 쓴 캐릭터의 비율은 남성에 비해 현저히 낮다.

여성 배우들에게 주어지는 캐릭터는 현실의 여성들을 납작하게 압축해 몇 가지 단순한 분류에 속하도록 만든 것이 대부분이다. 앞서 언급한 아나운서의 예시처럼 여성 캐릭터들은 대개 청년기의 한정된 연령에 머물러 있으며 배우에게 요구되는 외모 또한 정형화되어 있고 그 범주가 매우 좁다. 영화 속 여성 캐릭터 상당수는 성녀와 창녀의 이분법적 분류를 넘어서지 못한다. 묘사되는 중장년 여성 인물은 대부분 내조하는 주부 혹은 어머니 정도에 그친다. 반면 남성 중장년 인물은 그 폭과 역할이 매우 다양하며 나이가 들더라도 여전히 그들은 성적 매력이 있는 것으로 간주되곤 한다.

악역으로 등장하는 인물의 경우만 비교해 보아도 여성과 남성 캐릭터가 갖는 능동성에서의 격차를 알아챌 수 있다. 남성 악역은 아무런 이유 없이 악행을 저지르는 경우를 드물지 않게 찾아볼 수 있으며 순수한 악함 자체가 하나의 매력으로 소비되는 반면 여성 악역에게는 대개 가족의 원수를 갚는다거나 과거의 원한을 해소하는 등의 이유가 붙어 있다. 그리고 특히 드라마에서 여성 악역의 범주는 주인공의 남성 연인을 뺏고자 하는 사랑의 경쟁자, 나쁜 시어머니, 속물적인 여성상 정도에 그친다.

여기서 가장 눈여겨봐야 할 부분은 인물이 주체적으로 행동하고 사고하는지의 여부다. 앞서 언급한 악역의 경우를 다시 살펴보자. 남성 악역은 보통 다른 외부적인 조건보다 오직 스스로의 욕망과 주관을 기반으로 행동한다. 그러나 여성 악역들의 행위 근거에는 원한이나 모성애 등의 외부적인 요소가 부여된다.

이 경우에서 볼 수 있듯, 미디어 속 인물의 능동성을 판단할 때 가장 중요하게 고려해야 할 부분은 **인물이 타인이나 외부 요소가 아닌 오직 스스로의 욕망을 기준으로 삼는가**이다. 동일한 맥락에서, 여성 인물이 주인공으로 등장하는 컨텐츠의 경우 대개 그들을 움직이는 주요한 동력으로 사랑이 제시되곤 하는 현상은 곧 여성 캐릭터 전반의 능동성이 낮은 수준으로 묘사되고 있다고 해석될 수 있다.

이는 맨즈 시스템이 여성 개인에게 끼치는 정서적인 영향력을 관통해 보여주는 명제이기도 하다. 미디어는 사회 구성원의 사고방식과 서로 상호작용하면서 각자의 영역에 한계를 만들거나 이를 확장한다. 많은 여성 인물들이 행동과 사고의 중심을 자신이 아닌 외부적인 요소로 삼고 있는 것은 여성이 실제로 맨즈 시스템 속에서 처해있는 상황을 보여준다.

미디어와 현실 간의 상호작용성은 또한 동시에 우리가 취할 수 있는 방향을 암시한다. 미디어에서 보여주는 여성상의 변화와 확장은 곧 현실에서 여성이 자연스럽게 택할 수 있는 사회적 역할의 범위를 결정하게 된다.

때문에 우리는 미디어 창작에서 영향력을 확보하고 맨즈 시스템에서 보여주는 여성상 대신 Womkind의 이념에 부합하는 새로운 인물들을 점점 더 부각시켜야 한다. 이는 사회를 바꿀 수 있을 뿐만 아니라 우리 자신에게도 긍정적인 영향을 스며들게 만들 것이다. 가장 먼저 필요한 것은 자기 자신의 안위와 욕망을 최우선으로 고려하는 여성 인물상이다. 평면적이고 단순하게 묘사되더라도 이를 선망하게 만드는 것이 가장 중요하다. 현재 가장 큰 문제로 작용하는 것은 여성의 위축된 능동성이며, 이를 제거함으로써 우리는 이후 더 다양한 여성들이 구획될 수 있는 발판을 마련하게 된다.

궁극적으로 바라는 목표는 지위의 고하를 막론한 다양한 여성상이 당연하고 자연스럽게 존재할 수 있도록 만드는 것일지라도, 여성상의 다양화 이전에 주체적인 여성상이 먼저 부각되어야 한다는 사실에는 이견의 여지가 없다. 현재의 상황을 고려해 결과론적으로 생각했을 때 선행되어야 하는 것은 기존의 수동성을 탈피한 능동적인 여성상이다.

첫 단계에서 우리는 기존 주체성의 범위를 넘어선 여성상을 더 많이 묘사하고 드러내야 한다. 그리고 또한 기존의 평면적인 능동성을 넘어 다양한 방식으로 스스로의 목표를 성취하고 삶을 구획해가는 인물들을 묘사해야 한다. 맨즈 시스템에서 허용한 기대치에서 벗어난 인물일수록 변화의 범위는 넓어진다. 우리는 여성 캐릭터의 능동성을 심화하고 확장해야 한다.

다양한 여성상을 미디어에서 보여주는 것은 우리의 삶의 선택지를 다양하게 만든다. 묘사된 삶은 '이런 방식으로도 살아갈 수 있다'는 것을 보여주는 가장 좋은 언어다. 울타리를 넘어간 양이 그 존재 자체로 다른 양들이 울타리를 넘어가도록 유도할 수 있는 것처럼, 기존의 삶의 규범 밖에서 살아가고 있는 여성의 모습은 묘사되는 것 자체로 변화를 만든다. 보는 것이 달라지면 생각 또한 달라진다. 미디어에서 주도권을 잡는 것은 사회의 분위기를 유도하고 기존의 정상성의 규범을 바꿀 수 있는 가장 좋은 방법이다.

비정상성과 정상성

미디어를 통해 우리가 유도할 수 있는 변화 중 하나는 그동안 비정상의 영역에 속해 있던 가시화되지 않은 여성들의 모습을 노출시켜 정상의 범주를 뒤흔들고 확장시키는 것이다. 이는 주체적 여성상의 범위를 확장하는 작업과도 무관치 않다. 기존의 남성성과 비견될 수 있을 만큼의 능동성을 지닌 여성은 대개 통상적인 범주에서 벗어난 것으로 취급되어 왔으나 이를 미디어에서 조명하고 부각시키는 작업을 통해 우리는 주체성의 허용 반경을 넓힐 수 있다.

여기서 제시할 수 있는 것 중 하나는 외적 정상성의 범위 확장과 다각화다. 예를 들어 외적 여성성에 대한 기준에서 벗어난 여성은 미디어 속에서 중년 여성(이미 나이가 들어 성적 대상의 범주에서 벗어났다고 여겨지는)이나 고시생(다른 목표로 인해 대상화라는 마땅한 의무를 포기한), 혹은 반사회적 괴짜의 이미지 정도로만 묘사되어 왔다. 우리는 이러한 외적 비규범성을 띤 여성의 성격과 역할을 다양하게 분화시켜 서술함으로써 사고의 범위를 확장시킬 수 있게 된다.

구체적으로 '남자처럼' 짧은 머리를 한 여성의 경우 기존 미디어에서는 대개 체육 계열 종사자나 소탈한 성격을 가진 여성 정도의 이미지에 그쳤으며 심지어 찾아보는 것 자체가 어려웠다. 이렇게 평면적으로 압축되어 있는 인물들을 다시 현실의 모습으로 부풀리는 작업이 필요하다. 공격적인 성격, 정적이고 고요한 성격, 반항적인 성격, 모범생, 히피, …. 현실에서 머리의 길이가 우리의 성격을 결정할 수 없는 것처럼 미디어 속에서 묘사되는 여성 또한 다양한 형태로 분화될 수 있어야 한다. 이처럼 미디어에서 여성성을 보다 풍부하고 다양하게 묘사하는 작업은 일상생활 속에서 다양한 외형의 여성들이 외형으로 인해 특정한 분류로 자연스럽게 구분되는 것을 완화할 수 있다.

모성과 창조성

흔히 어머니라는 단어는 보살핌과 애틋한 그리움의 감정을 함축한다. 그러나 여성이 '태어나는 것이 아니라 만들어지는' 것처럼 어머니 또한 천부적인 기질을 갖고 태어나거나 아이를 가짐으로써 자연스럽게 갖게 되는 지위나 습성이 아니며 내외부적으로 어머니로서의 새로운 역할에 적응함으로써 만들어진다.

그러나 미디어 속에서 묘사되는 어머니의 모습은 철저히 일률적이다. 각종 컨텐츠에서 등장하는 어머니는 곧 자식에 대한 무조건적인 사랑과 헌신 그리고 희생을 보여주는 인물이다. 이는 가부장제 속에서 오로지 가정에 헌신해야만 했으며 또한 헌신하도록 만들어졌던 여성들의 현실을 보여준다. 그러나 모성에 대한 강조는 동시에 여성에 대한 엄포이기도 하다. 규범적인 어머니상을 제시함으로써 여성 전반은 따라야 할 기준을 갖게 된다. 그렇게 많은 여성들은 산후 우울증에 시달리거나 혹은 낳은 아이가 예쁘게 보이지 않는 자기 자신을 이상하게 느끼고 스스로의 정상성에 의문을 품게 된다.

이런 기존의 어머니상은 생명에 대한 창조 능력으로 대치될 수 있다. 프레임은 구획하기 나름이다. 생명을 창조할 수 있는 능력은 분명 여성의 것이다. 이는 미디어 속에서 묘사되는 모성과는 별개의 개념이다. 생명을 창조하는 능력 자체에 어머니라는 이름을 붙인 것은 문화의 산물이다.

우리가 할 수 있는 방법 중 하나는 기존의 모성을 창조성 자체의 이미지로 대치하는 것이다. 동물에게 있어 어머니는 자식에 대한 보호자이면서 동시에 어떤 자식을 살리고 어떤 자식을 버릴지, 혹은 죽일지를 결정하는 주체이기도 하다. 즉 생태계 속에서의 어머니는 생사여탈권을 갖는다. 자신이 창조한 생명을 보호하고 자식의 생을 지속시킬지 그 생사여탈권은 창조한 자에게 있다. 이는 인간을 창조해낸 신의 권한에 비견될 수 있다. 기존의 미디어에서 부각했던 절반의 이미지 대신 가려져 있던 나머지 반절을 부각하는 작업은 강요된 모성의 신화를 부술 수 있는 하나의 수단이다.

여성의 몸

미디어는 사고를 구획하고 우리의 몸에 개입한다. 우리의 몸은 비천한 것이거나 혹은 성적인 탐욕을 불러일으키는 대상으로 묘사된다. 미디어는 여성의 몸에 부위별로 점수를 매긴다. 얇은 허리, 길고 날씬한 다리, 동시에 성욕을 불러일으킬 만한 가슴. 월경은 더럽고 숨겨야 하는 음침한 구역 안에 있다. 마침내 우리는 몸을 부끄럽게 여기게 된다.

우리는 자신의 몸을 통제할 수 있는 능력과 권리가 없다고 주입받는다. 함부로 스스로의 몸을 노출해서도 스스로 만져서도 안 된다. 우리가 통제할 수 없기 때문에 우리 자신의 몸은 부모님 혹은 미래의 남성 배우자의 영역 내에 있다. 우리의 몸은 행위의 대상이다. 미디어는 이런 맨즈 시스템의 인식을 전파한다.

그러나 어떤 몸도 상대의 몸과 분리되어 생각될 수 없다. 우리는 만지는 동시에 만져진다. 이리가라이의 말처럼, 손가락 끝으로 손등을 만질 때 양자는 서로를 감각한다. 우리는 손가락으로 손등을 더듬는 동시에 손등의 살갗으로 손가락을 느낀다. 나와 타자 간의 관계도 마찬가지다. 어떤 몸도 상대의 몸이 주는 자극에서 분리될 수 없다. 남성의 몸 또한 절대 완전한 주체일 수 없으며 여성의 몸은 피동성에 그치지 않는다. 어떤 몸도 철저히 피동적이거나 사동적이지 않다. 우리의 몸이 띠는 성적 피동성은 부여받은 것일 뿐이며 이런 깨달음을 통해 그 예속에서 벗어나게 된다. 이렇게 비로소 여성의 몸은 남성의 주체성을 확립하기 위한 쟁취의 전장이라는 위치에서 벗어나 자기 자신의 영향력을 행사하게 된다.

미디어 속에서 여성의 몸은 이런 전략을 기반으로 노출되어야 한다. 현재 미디어 속에서 여성의 몸이 노출되고 소비되는 방식은 철저히 피동적이다. 여성은 남성의 성적 시선 하에 자신의 몸을 부끄러운 듯 숨기거나, 혹은 자신의 몸을 '주체적'으로 소비당하기를 선택한다. 성애화와 노출은 별개의 문제다. 자발적인 성애화와 몸 자체의 존재감을 드러내는 두 가지 상반된 방식은 자유로운 선택과 노출이라는 두 가지 지점에서 유사해보일지 몰라도 결과 면에서 철저히 구별된다. 전자가 여성의 몸에 부여된 피동성을 강화하는 행위인 반면 후자는 능동성의 이미지를 강화한다.

우리의 신체는 단순히 몸에 불과하다. 미디어에서 우리의 몸에 피동적으로 성애화된 이미지를 제거한 채 다만 이를 개인을 구성하는 일부로서, 즉 인간의 일부로서 노출하는 빈도가 늘어나야 한다. 'Free the nipple'과 같은 캠페인은 여성의 신체를 다만 몸 자체로서 인식하기를 촉구한다. 주체적 여성상의 노출 빈도가 선행되어야 하는 것과 마찬가지로 여성의 몸 또한 성애화될 자유보다도 주체로서의 능동성을 먼저 확보해야 한다.

앞선 이야기들은 모두 맨즈 시스템 속에서 남성을 기준으로 삼아온 기존의 미디어 구획 방식을 여성의 쪽으로 다시 되돌리는 것을 목적으로 한다. 그리고 항상 그렇듯 우리는 미디어에서도 약간의 변화에 만족해서는 안 된다. 제일 위험한 것은 '이 정도면 충분하지 않을까'하고 안주하는 태도다. 미디어에서 미끼 식으로 보여주는 합의점 정도에서 그치지 않고 우리가 추구하고자 하는 모습이 점차 더 직접적으로 드러날 수 있게 해야 한다. 기준 자체를 여성의 것으로 다시 찾아올 때까지 끊임없이 나아가야 한다.

이런 전략은 두 가지 갈래로 진행되어야 한다. 거부감 없이 점점 스며들 수 있는 수준의 이야기들이 다른 내용과 섞이는 것이 첫 번째다. 여기서 중요한 것은 목적성을 잃지 않고 꾸준히 여성주의적인 생각을 노출하는 것이다. 일시적인 흥밋거리 정도에서 끝이 나서는 안 된다. 두 번째는 기존의 규범에서 한참 떨어져 있는 비규범적인 모습을 계속 보여주고 노출함으로써 이에 익숙해지게 만들어 직접적으로 정상성의 범위를 넓히는 것이다.

우리는 기존의 미디어에서 등장하는 여성들의 모습을 분석하고 비판하는 데에 그치지 않고 우리가 직접 새로운 모습을 만들어 미디어에 등장시킬 수 있어야 한다. 이는 곧 남성이 갖고 있는 파이를 애써 나누어받는 데에 그치지 않고 우리의 영역을 확보하는 것이다.

• 오필리어와 다나이드 그리고 우리의 변화

나는 오필리어. 강물도 붙잡지 않았던 여자. 밧줄에 목을 맨 여자 동맥을 절개한 여자 약을 과다 복용한 여자 입술 위에는 눈(雪) 가스 오븐 안에 머리를 처박고 있는 여자. 어제 난 날 죽이는 일을 중단했다. 나는 혼자다. 내 젖가슴과 내 허벅지와 내 자궁만이 함께 할 뿐. 나는 내 구속의 도구들을 파괴한다. 의자를, 책상을, 침대를. 나는 내 고향이었던 도살의 무대를 부순다. 나는 문들을 부수어 연다. 바람이 그리고 세상의 비명이 들어올 수 있도록. 나는 창문을 산산이 부순다. 나는 피 흐르는 손으로 내가 사랑했던 그리고 침대 위에서, 책상 위에서, 의자 위에서 그리고 바닥에서 나를 필요로 했던 남자들의 사진을 찢어버린다. 나는 내 감옥에 불을 지른다. 나는 내 옷을 불 속에 던져 넣는다. 나는 내 심장이었던 시계를 내 가슴에서 꺼내 파묻는다. 나는 거리로 나간다, 내 피로 옷을 입고.

희곡 〈햄릿 기계〉에서 등장하는 오필리어의 독백 장면이다. 오필리어는 밧줄에 목을 매고, 동맥을 절개하고, 약을 과다 복용한다. 오븐 속에 머리를 처박는다.

그의 고통은 명백히 맨즈 시스템의 산물이다. 오필리어가 겪었던 고통의 근원이자, 그가 거부하는 기존의 삶의 모습은 '나를 필요로 했던 남자들의 사진을 찢어버린다'는 문구에서 분명히 드러난다.

그는 사용당하는 삶을 중단한다. 스스로를 죽이는 일을 중단한다. 그리고 모든 규범을 거부하고 파괴한다. 오필리어는 그동안 그의 삶에 안정이라는 허울을 부여하면서 그를 새장 속의 새로 만들었던 공간의 경계를 허문다. 창문을 부수고, 문을 부수어 연다. 구속의 도구를 파괴한다. **감옥에 불을 지른다.**

그렇게 오필리어는 그동안의 세계를 부수고 거리로 나간다. 그는 이제 혼자다. 감옥 속에서 교도관과 함께하는 삶을 거부하고 오필리어는 오직 그 자신의 신체만이 함께하는 홀로됨 속으로 발을 내민다.

오필리어의 모습에서 우리는 맨즈 시스템 속에서 착취당하기를 거부하는 여성의 전형을 엿볼 수 있다. 오필리어는 시계—즉 내면화된 맨즈 시스템의 규범을 스스로의 몸에서 파낸다. 이제 그의 심장은 비어있다. 마찬가지로 맨즈 시스템의 규범 속에서 살아가기를 거부한 우리는 그동안 우리 자신의 '심장이었던' 사회적인 규칙들을 버리고 나아가게 된다.

에필로그

그러나 그는 여기서 스스로 추구할 새로운 가치를 제시하지 못한다. 심장이었던 시계가 파내진 빈자리에 새로운 심장을 만들어내지 못한다. 이는 2단계와 3단계를 가르는 분기점이다. Womkind의 새로운 기치를 추구하고 만들어 내고 직접 몸으로 체험함으로써 우리는 오필리어가 더 나아가지 못하고 머무르게 된 그 단계에서 한 걸음 더 나아갈 수 있게 된다.

다나이드는 아버지의 명에 따라 신혼 첫날 밤 남편을 죽이고 그 벌로 밑 빠진 독에 끊임없이 물을 채우게 된다. 세상이 끝날 때까지 다나이드는 물을 길어 깨진 욕조에 붓고- 또다시 빈 항아리에 물을 긷는다. 그의 손은 멈추지 않는다.

죄는 아버지로부터 시작되어 다나이드의 손을 거쳐 남편에게 전달되었다. 죄의 대가로 그는 영원한 벌을 받는다. 다나이드는 남성들만이 참가 자격을 갖고 있는 정치적 다툼 속에서 무기로 사용되었지만 사용되었음에 대한 벌 또한 오롯이 그의 몫이다.

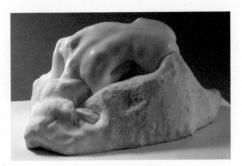

어거스트 로댕, 다나이드

그의 삶 그 자체조차 자유롭지 못하다. 다나이드의 고통은 연민, 경고, 공포 혹은 애욕 등의 감정이 덕지덕지 붙은 채 그림으로, 글로, 조각으로 전시된다. 그의 삶은 그의 것이 아니다. 관람자들은 그의 삶을 분해해 마음껏 만져보고선 그들의 방식대로 다시 조립한다. 다나이드의 삶은 맨즈 시스템의 시선 속에서 박제된다.

그러나 다나이드가 겪는 고통이 그를 제자리에 묶어둘 수는 없다. 〈햄릿기계〉에서 오필리어가 그랬던 것처럼 다나이드 또한, 그리고 우리 또한 묶여 있던 자리를 떨쳐내고 밖으로 나갈 수 있다.

다나이드는 몸을 일으킨다. 그녀의 얼굴에는 눈물이 흐르고 흘러 만들어진 오래된 물길이 있다. 다나이드는 깨진 항아리를 양 손으로 집어 들어 던진다. 그 파편을 짓밟고 일어난다. 단단한 두 다리로. 그 오랜, 무릎을

끓고 속죄하던 영겁의 시간이 지난 후에도, 다나이드의 다리는 근육이 빠졌을지언정 여전히 그의 몸을 단단히 지탱한다. 그는 성큼성큼 걸어 무대를 빠져나간다. 무대 밖은 차갑고 그의 살갗에는 소름이 돋았지만 그럼에도 다나이드는 여전히 두 다리로 단단하게 서 있다. 다나이드는 사진 밖의 관찰자를 또렷하게 응시한다.

죽은 남편의 투사체는 항상 그녀의 엎드린 등 위에 매달려 있었다. 이제 투사체는 그녀로부터 떨어져 나가 해체된다.

한 걸음걸음마다 그녀는 하나씩을 잊는다. 가족을 잊는다. 살해한 남편을 잊는다. 신분을 잊는다. 마지막 걸음에서 다나이드 – 그는 이름을 잊는다. 아무것도 아닌 그는 비로소 그 자신이 된다.

이제 누구도 다시는 그를 연민하거나 사랑하지 않는다. 머릿속의 통제자 – 평가자와 그 자신은 드디어 하나가 된다. 그는 그 자리에, 사랑하거나 혐오할 필요 없이 그저 자신으로서 존재한다.

다나이드와 오필리어의 차이는 여기에 있다. 오필리어는 자신의 '피로 옷을 입고' 거리로 나간다. 그러나 다나이드는 누구도 아닌 자, 이름 없는 자가 됨으로써 비로소 **그 자신이 된다**. 이제 무명의 그는 자신을 사랑하거나 혐오하지 않는다. 그저 존재할 뿐이다.

그의 행동과 생각, 그리고 몸을 항상 평가하고 통제했던 내재화된 맨즈 시스템의 규칙들은 이제 흔적 없이 사라진다. 다나이드의 머릿속 통제자는 다시 그와 한 몸으로 흡수된다.

결국 오필리어와 다나이드의 탈출기는 그렇게 다른 색채를 입게 된다. 오필리어가 공허와 부조리로 인한 고통에 몸부림쳤다면 다나이드는 다시 그의 두 발로 현실을 딛고 일어난다. 그 분기점에서 갈 길을 결정하는 것은 결국 우리 자신의 의지다.

우리의 변화는 고통스럽지 않다. 내면의 장애물을 제거하는 것은 목에 씌워져 있던 칼을 벗고 맨 살갗으로 공기를 맞으며 드디어 세계의 본 모습을 직접 마주하는 것이다. 다나이드가 몸을 일으켜 맨즈시스템의 구속과 평가에서 벗어난 것처럼 우리 또한 우리를 예속하던 틀로부터 벗어나 자유로워질 수 있음을 믿는다.

눈 덮인 평원, 그리고 그 하얀 설원 사이로 군데군데 보이는 검은 나무들의 군집을 보면서 나는 인생의 한 시기가 지나고 있음을 느낄 수 있었다. 온통 눈으로 두텁게 덮인 발자국 하나 없는 새하얀 설원은 마찬가지로 흰색인, 아니, 좀 더 회색빛을 띤 하늘과 지평선을 사이로 모두 잘게 부스러져 있었다.

인생은 불가해하면서 아름답다. 나는 이를 마침내 깨닫게 되었다. 그리고 새로운 시대, 새로운 삶에 걸맞은 새로운 꿈들과 아름다운 감정들이 피어오르기 시작했다. 추운 지방에서 자라는 나무들로 가득한 야트막한 산 아래, 흰 눈으로 덮인 설원에 나는 집을 지을 것이다. 일 층짜리의, 낮고

에필로그

소박하지만 단단한 집을 지을 것이다. 그리고 겨울이 되면 매년 적어도 일주일은 그 곳을 찾아가 추위도 아랑곳 않고 흰 설원 위에 대자로 누워 설원같이 새하얀 하늘을 바라볼 것이다….

사람들은 머릿속에 희미한 이미지로만 존재했던 것들을 글로 옮겨내어 타인에게 전달해 왔고 비록 한 쪽에서는 전쟁이 벌어지고 사람이 사람에게 칼을 꽂고 있더라도 다른 한 편에서 누군가는 평화, 사랑, 그리고 고요한 것들에 대한 노래를 부르고 있다. 세상은 그렇게 존재하고, 부서지고, 그 파편들을 통해 새로이 창조되어 왔다.

A시에서 크게 아팠던 일은 상징적이었다. 나는 열이 들떠 도달한 황홀경의 상태에서 내 아픔이 얼마나 합리적인가를 생각했다. 내 세계는 이제 크게 한 번 부서졌다. 물론 아직도 나를 둘러싸고 있는 벽들이 있지만 그럼에도 내 세계는 비교도 되지 않을 정도로 확장되었다.

두려움의 실체는 그저 옷장에서 삐져나온 코트자락이었을 뿐이다. 날이 밝았고 세상은 본래의 모습을 되찾았다. 나는 새로운 감각, 제 6의 감각을 얻었다. 그건 완전히 익숙한, 본래 갖고 있었으나 잊고 있던 감각이었다. 세상의 모든 아름다움과 슬픔을 찬양하고 경배한다. 분명 이것은 종교적인 느낌이지만 역설적으로 나는 지구상의 신들 중에서는 나의 신이 없음을 깨닫게 되었다.

세상에는 아름다운 것들과 슬픈 것들이 있다. 그러나 슬픔은 슬프지 않다. 그저 존재할 뿐이다. 그렇게 때문에 모든 것은 그 자리에서 의미가 있으며 동시에 내겐 아무런 의미도 갖지 못한다. 경중은 존재하지 않는다. 돌멩이의 자리와 나의 자리는 별반 다를 바가 없다. 그렇기 때문에 나는 강할 수 있게 된다. 두 사람은 일정 거리 이상 가까워질 수 없는 개별적인 존재이고 바로 그렇기 때문에 혼자 있을 때에도 나는 세계와 연결되어 있다.

나는 두꺼운 옷을 겹겹이 싸매 입고는 집 안 한 구석에서 덜덜 떨고 있었다. 그 때 누군가 내 옷을 벗겨냈다. 나는 벌거벗은 채 눈 쌓인 설원으로 거칠게 내동댕이쳐졌다. 나는 그 차가움에 잠시 몸서리를 쳤으나 금세 내 감각의 최대치를 느끼는 것이 얼마나 경탄스러운 일인가를 깨달았다. 나는 눈 속을 헤엄치고, 차갑고 하얀 그 해의 첫 눈을 내 벌거벗은 몸 위에 뿌렸다. 전혀 춥지 않았다. 새하얀 눈의 평원과 모여선 짙은 색의 나무들 그리고 땅을 반대로 뒤집어 놓은 듯한 회백색 하늘이 내 각막을 자극했다. 나는 온 몸의 구멍으로 금빛으로 반짝이는 생명력을 내뿜는 작고 정교한 분수가 된다.

나는 나를 둘러싼 투명한 막을 찢었다. 동그랗게 나를 둘러싸고 있던 성벽들을 망치로 부숴 버렸다. 흰 설원 아래서 성벽의 흔적과 함께 남아있는 나는 혼자이지만 강하고 현명하다. 나는 **경계를 건넜다.**

에필로그

• 책을 마무리하면서

　다시 부흥기를 맞은 지금의 페미니즘은 기존 학자들이 그 속도를 따라가기 버거울 정도로 매 순간 변한다. 그만큼 많은 논의들이 동시다발적으로 진행되고 있으며 때로는 여러 입장들 사이에서 충돌이 일어나기도 한다. 그러나 우리 모두가 추구하는 목적지는 결국 동일하다.

　흔히 래디컬과 리버럴은 체제 자체를 거부하는지 여부로 구분된다. 명확하게 구분되기는 어렵겠지만, 기존의 남성적 규범을 모두 거부한다는 점에서 이 책은 래디컬의 분류에 속한다고 볼 수 있을 것이다. 이 책은 기존에 학술적인 서적들로만 접할 수 있던 래디컬의 생각을 풀어 서술함으로써 접근성을 높이고 더 많은 사람들이 체제를 거부하기로 결정한 여성들의 목소리를 접할 수 있도록 만들고자 했다. 필진들이 스스로 필요를 느껴 쓴 책인 데다 대중서로서 이런 스탠스의 책이 흔하지 않았던 만큼 미숙한 부분이 있을 거라 생각한다. 다만 바라는 것은 이 책이 이후 더 많은 목소리가 세상에 나올 수 있는 발판이 되는 것이다.

　〈The Womkind〉는 텀블벅에서 902명의 후원을 통해 세상의 빛을 받을 수 있게 되었다. 우리의 목소리가 실제로 출간되어 세상에 퍼질 수 있게 만들어주신 후원자 분들께 온 진심을 담아 감사의 말씀을 드리며 이 책을 마친다.

추천 문헌

1. 성 정치학, 케이트 밀렛 : 맨즈 시스템이 작동하는 방식과 그 역사를 이해하고자 한다면 반드시 읽어봐야 할 필독서. 이론적인 토대를 갖추기를 원하는 분들에게 특히 추천한다.

2. 래디컬 페미니즘, 쉴라 제프리스 : 페미니즘의 이름으로 반 페미니즘적인 문화가 용인되고 있는 현실을 명확히 직시할 수 있게 만들어주는 책. 출간된 지 비교적 오랜 시간이 지나지 않아 현대의 문제들을 구체적으로 파악할 수 있다는 게 큰 장점이다.

3. 제 2의 성, 시몬 드 보부아르 : "여성은 태어나는 것이 아니라 만들어지는 것이다"라는 유명한 문장이 등장한 책. 출간된 지 반 세기를 훌쩍 넘은 이 시점에서도 그 위상은 여전하다.

4. 코르셋, 쉴라 제프리스 : 현실 속에서 여성이 겪는 문제를 촘촘히 엮어낸 책. 특히 외모와 치장에 대한 의문을 해소할 수 없는 분들에게 큰 도움이 될 것이다. 출판사의 말을 그대로 옮기자면 "탈코르셋을 고민하는 사람이라면 반드시 읽어야 할 책".

5. 성의 변증법, 슐라미스 파이어스톤 : 성별을 '성적 계급'으로 풀이한 책. 성별 혁명의 필요성을 역설한다.

6. 200년 동안의 거짓말, 바버라 에런다이크 / 디어드러 잉글리시 : 과학 또한 객관적이지 않으며 다양한 방식으로 여성에게 거짓된 정체성과 자아 개념을 주입시켰음을 보여준다.

7. 권력의 법칙, 로버트 그린 : 권력에 대한 감각을 수복하려 하는 여성들에게 추천하는 처세서. 권력이 움직이는 48가지 법칙을 소개한다. 분량은 가볍지 않지만 내용은 가볍게 읽을 수 있다.

8. 린 인, 셰릴 샌드버그 : 가부장제와 결합한 자본주의 체제 안에서 여성이 어떻게 리더십을 획득할 수 있는가를 다룬다.

9. 이갈리아의 딸들, 게르드 브란튼베르그 : 이 책의 제목처럼 인류가 Womkind로 표기되는 사회를 보여준다. 여성의 천부적인 특성이라 여겨지는 많은 것들이 다만 구획된 것임을 체감하기에 좋은 책.

10. 전쟁은 여자의 얼굴을 하지 않았다 : 국가가 여성을 고려하는 방식, 그리고 전쟁 속에서 여성이 어떻게 살아가는지 그 모습을 보여준다. 전쟁을 직접 겪어 본 여성들의 생생한 증언을 확인할 수 있다.

11. 페미니즘 선언, 한우리 : 아홉 가지의 래디컬 페미니즘 선언문을 번역해 엮은 선집. 선배 페미니스트들의 결의를 확인할 수 있다.

더 웜카인드

1판 1쇄 발행일 2018년 8월 10일

지은이 스크로파
펴낸곳 스크로파

출판등록 제2018-000203호

전자우편 thewomkind@naver.com
트위터 @thewomkind
인스타그램 @thewomkind

디자인·인쇄 태산애드컴 02-2268-2488

ISBN 979-11-964311-0-5 (03330)

스크로파는 여성의 목소리가 세상에 더 크고 힘 있게 울릴 수 있도록
그 토대가 되고자 하는 여성 중심 출판사입니다.